쿡언니의 방구석 극장

쿡언니의 방구석 극장

초판 1쇄 발행 2020년 12월 25일
2쇄 발행 2021년 1월 25일

지은이 양국선
펴낸이 장길수
펴낸곳 지식과감성#
출판등록 제2012-000081호

일러스트레이터 홍화정(hongal-hongal@naver.com)
디자인 최지희
편집 최지희
교정 김혜련
마케팅 고은빛

주소 서울시 금천구 벚꽃로298 대륭포스트타워6차 1212호
전화 070-4651-3730~4
팩스 070-4325-7006
이메일 ksbookup@naver.com
홈페이지 www.knsbookup.com

ISBN 979-11-6552-585-9(03680)
값 14,000원

ⓒ 양국선 2020 Printed in Korea

잘못된 책은 구입하신 곳에서 바꾸어 드립니다.
이 책의 전부 또는 일부 내용을 재사용하려면 사전에 저작권자와 펴낸곳의 동의를 받아야 합니다.

이 도서의 국립중앙도서관 출판예정도서목록(CIP)은 서지정보유통지원시스템
홈페이지(http://seoji.nl.go.kr)와 국가자료공동목록시스템(http://www.nl.go.kr/kolisnet)에서
이용하실 수 있습니다. (CIP제어번호 : CIP2020052075)

 홈페이지 바로가기

쿡언니의 방구석 극장

양국선 지음

추천사

정성일 영화감독, 영화평론가

누군가는 영화를 보고 펑펑 울겠지만 또 다른 누군가는 펑펑 울기 위해서 영화를 보러 간다. 같은 말이지만 누군가는 영화를 보고 깔깔대고 웃겠지만 또 다른 누군가는 깔깔대고 웃기 위해 영화를 보러 간다. 양국선은 우리에게 영화의 감정사용법 입문이라고 불러야 할 이상한 책을 썼다. 종종 이 영화에서 저 영화에로 자유자재로 건너뛰기 위해서 당신이 지금 준비해야 할 유일한 낙하산은 감정이라고 일러준다. 우리는 감정의 추락에 익숙해지면 안 된다. 그러니 당신의 감정이 위험해지는 날 추락하지 않기 위해서 이 책은 당신에게 무사히 착륙할 수 있는 영화를 알려줄 것이다. 이 책의 사용법은 간단하다. 일단 무조건 믿어볼 것. 그런 다음 자신이 쓴 일기처럼 읽어나갈 것. 아마 당신처럼 영화관으로 달려가 누구에게도 보여주지 않기 위해 자신의 감정과 격투를 벌여온 날들을 한 글자 한 글자 꾹꾹 눌러쓴 문장을 읽어나가게 될 것이다.

박준우 요리하는 칼럼니스트

방의 크기와는 상관없이 구석은 누구에게나 공평한 공간이다. 오늘도 당신은 그곳에 하루라는 삶을 버텨낸 등을 기대고, 지나갈 오늘과 새로 맞이할 내일의 시간을 마치 영화처럼 눈앞에 그려볼 것이다. 그렇게 펼쳐지는 방구석 극장, 저자가 말하듯 당신의 모든 순간은 영화였고, 어쩌면 누군가에게 또 다른 시각을 제시해줄 상영 직전의 영화일지도 모른다.

목차

추천사

★ 정성일 영화감독, 영화평론가 • 4
★ 박준우 요리하는 칼럼니스트 • 4

1장

영화는 어떻게 인간을 치유할까

★ 식스팩이 아닌 식스 센스부터 길러라 • 11
★ 영화는 어떻게 인간을 치유할까 • 16
★ 마음을 치유하는 영화의 힘 • 20
★ 무심해지기, 치유는 거기서부터 시작이다 • 25
★ 언제까지 나만 상처받으며 살아야 할까 • 32
★ 나는 괜찮은 사람이야 • 37
★ 있는 그대로 사랑하라 • 42
★ 어떤 사람은 늘 행복하고 어떤 사람은 늘 불행한 이유 • 48
★ 도파민과 세로토닌 • 54

2장

내가 좋아하는 나로 성장시키는 영화의 힘

- ★ 영화, 진정한 나를 찾아가는 여정의 안내자 • 63
- ★ 창조적 습관을 만드는 영화적 생각법 • 69
- ★ 아름다운 영화가 우리에게 선사하는 위로의 빛깔 • 73
- ★ 혼영의 미학 • 81
- ★ 일, 사랑, 인간관계를 아름답게 바꾸는 영화 • 88
- ★ 부정의 나를 긍정의 나로 바꾸는 영화의 힘 • 93
- ★ 점점 빨라지는 디지털 시대 우리에게 영화가 필요하다 • 101

3장

진정한 나를 마주하기 위한 영화 사용법

- ★ 놀고 일하고 사랑하고 영화를 보라 • 111
- ★ 어떤 영화를 보든 주인공과 하나가 되어라 • 115
- ★ 따라하다 보면 자존감이 높아지는 영화 사용설명서 • 119
- ★ 똑똑한 결정을 하는 결정 근육을 키워라 • 126
- ★ 영화를 아무리 보아도 당신이 그대로인 이유 • 131
- ★ 지금, 당신의 감정은 안전한가요 • 139
- ★ 영화는 세상과 만나는 방법이다 • 145

4장

인생 여행자를 위한 일곱 가지 영화 목록

★ 오늘을 잊은 그대에게 바치는 영화 • 153
  ▶ 〈이터널 선샤인〉

★ 마음의 아픔을 치유하는 영화 • 159
  ▶ 〈걸어도 걸어도〉

★ 나와 너 우리 그리고 관계의 이야기 영화 • 164
  ▶ 〈마지막 4중주〉

★ 현실보다 아픈 판타지 영화 • 171
  ▶ 〈소공녀〉

★ 어른이 처음인 당신을 위한 영화 • 178
  ▶ 〈싱 스트리트〉

★ 함께 살아가기 위한 영화 • 183
  ▶ 〈소수의견〉

★ 나를 살맛 나게 하는 행복한 영화 • 188
  ▶ 〈아멜리에〉

5장
영화는 아무것도 아닌 동시에 그 모든 것이다

- ★ 내가 묻고 영화가 답하다 · 195
- ★ 가장 나다운 나, 내가 좋아하는 나로 성장시키는 영화 · 199
- ★ 영화 그리고 해피 AND · 203
- ★ 아직 우리에겐 더 많은 영화가 필요하다 · 209
- ★ 나는 영화를 통해 인생을 배웠다 · 215
- ★ 내가 영화를 통해 배운 것들 · 222
- ★ What이 아닌 How에 집중하라 · 228

에필로그

- ★ 모든 순간이 영화였다 · 234

1장

★

영화는 어떻게
인간을 치유할까

가족의 탄생
2006

8월의 크리스마스
1998

마담 프루스트의 비밀정원 · Attila Marcel
2013

아이 엠 러브 · I Am Love
2009

우리도 사랑일까 · Take This Waltz
2011

누구의 딸도 아닌 해원
2013

내 사랑 · Maudie
2016

안경 · めがね
2007

500일의 썸머 · [500] Days of Summer
2009

식스팩이 아닌
식스 센스부터 길러라

남   같이 사는 건 괜찮고 결혼은 안 되는 게 솔직히 이해하기 힘들다.

여   같이 사는 데 결혼이 필요한 건 이해가 잘 되고? 우리가 함께 산다면 그건 사랑 때문이고, 난 그 사랑을 법과 제도로 묶고 싶지 않아. 개인의 감정의 일에 국가가 관여하는 게 싫고 그게 내 가치관이야.

여   너는 지금 네가 일반적이고 너는 네 선택이 우위에 있다고 생각하잖아.

남   그런 생각 한 적 없어.

여   나만 해명하고 있잖아, 지금. 네가 결혼하고 싶은 건 해명할 필요도 없잖아. 그런데 나는 결혼을 안 한다는 이유로 지금 너한테 이렇게 많은 걸 해명하고 있잖아.

재미있게 봤던 드라마 〈검색어를 입력하세요 WWW[01]〉에서 나온 남녀 주인공의 대사이다. '결혼을 해야 하는 이유'를 남자는 설명하지 않지만 '비혼인 이유'를 여자는 설명해야 한다. 연애와 결혼, 출산이 '일반적' 삶이라는 가치관이 팽배한 한국 사회에서는 그 노선에서 벗어나는 건 무엇이든 '일반적이지 않은' 삶의 방식이 된다. 많은 것들을 설명해야 하는 신분이 됨을 이 드라마의 대사가 대신 말해준다. 나와 다른 삶의 방식을 공격하거나 재단하지 않고 그 자체로 인정해줄 수는 없는 걸까?

2018년 통계청이 발표한 사회 조사에서 '결혼이 의무가 아니다'라고 답한 사람은 56.4%, 통계청이 같은 조사를 시행한 이래 처음으로 반수를 넘어선 수치다. 남성의 36.3%, 여성의 22.4%만이 결혼을 꼭 해야 한다고 생각하는 시대에 도착했음에도 불구하고, 한국 사회는 결혼하지 않은 이들에게 여전히 '왜'라는 질문과 '나중에 어쩌려고'라는 걱정, 혹은 '이기적이다'라는 비난을 보낸다. 결혼을 선택하지 않음,

---

01 검색어를 입력하세요 WWW, tvN, 2019.

'비혼'을 설득하고 관철하는 일은 여전히 어렵기만 하다.

비혼은 결혼하지 않은 상태나 그런 사람을 일컫는 말이다. 미혼이나 독신과 유사하지만, 의미상 차이는 있다. 미혼(未婚)이 '아직 결혼하지 않았다'라는 뜻이라면 비혼(非婚)은 '결혼하지 않은 상태'를 뜻한다. 또한, 적극적으로 결혼을 선택하지 않는다는 의미도 있다. 즉, 비혼이란 말에는 결혼을 인생에 반드시 거쳐야 할 단계가 아닌, 개인 선택에 달린 것으로 생각하는 인식이 담겨 있다. 비혼의 형태도 이유도 저마다 다르다. 우리나라의 가부장적 결혼 문화에 편입되고 싶지 않아서, 결혼 비용이 부담돼서, 지금처럼 자유롭게 살고 싶어서…….

엄마와 아빠 그리고 두 아이. 가족이라는 말을 들으면 자연스럽게 4인 가족의 행복한 웃음이 담긴 사진을 떠올리는 게 과연 정말 자연스러운 일일까. 결혼으로 맺어진 4인 가족에 대한 모델이 많이 노출된 사회에서 살고 있지만, 최근 들어 다른 방식으로 사는 가족의 형태도 늘고 있다. 김태용 감독의 영화 〈가족의 탄생 2006〉은 기존의 가족 형태에서 벗어난 다른 공동체를 보여준다. 첫 번째 옴니버스에서는 나이 많은 여성과 결혼한 젊은 남성을 보여주고, 두 번째 옴니버스에서는 어머니와 딸, 어머니가 내연남과 낳은 아들을 보여준다. 기존의 틀에서 벗어난 관계임에도, 혹은 틀에서 벗어나도록 내몰린 관계임에도 그들이 서로 관계 맺으면서 보이는 모습은 기존의 전형적인 가족과 다르지 않아 보인다.

세 옴니버스의 끝에서 영화는 가족이 정말로 필연에 의해 구성되는지를 묻는다. 정말로 가족이란 결혼과 출산을 통해서만 구성되는 것일까? 아니면 어떤 연결점이 없음에도 가족이 될 수 있는 것일까? 이 영화는 단순히 가족이 구성되는 방식에 관한 질문을 던지는 것뿐만 아니라, 가족을 능동적으로 구성할 수 있는 모습을 보여주기도 한다.

불과 몇 년 전만 하더라도 혼자 밥을 먹는 '혼밥', 혼자 술을 마시는 '혼술', 혼자 여행을 가는 '혼행' 등은 특이하게 여겨졌다. 요즘엔 일상의 하나로 보는 시각이 많아졌다. 다양한 삶을 인정하는 사회적 인식 변화의 반증이기도 하다. 그런데 아직까지 비혼인 사람들에 대한 감각 없고 예의 없는 질문들이 난무한다.

"왜 지금까지 결혼 안 했어요? 국선 씨 괜찮은 사람인데……."
"결혼 안 하고 출산, 육아 안 해봤으면 아직 애야."
"너는 돌볼 가족이 없어서 편하겠다."
"그러다 더 늙고 아무도 모르는 곳에서 고독사하면 어쩌려고."

이렇게 센스 없게 말하는 사람들은 정작 비혼을 경험해보지 못했다. 40대 비혼 여성인 내 의견을 말하자면 삶에서 결혼, 출산과 양육을 겪지 않으니 그만큼의 여유가 생겼다. 자유로워졌다. 미처 생각지 못했던 의외의 기회들도 만났다. 나 자신만 챙기기에도 24시간이 꽉 찬다. 무엇을 시작하든 무엇에 도전하든 늦은 건 없다. 살면서 반드시, 당연히, 꼭 해야만 하는 것은 없다. 정말 없다. 우리에겐 선택의 여지가 있다. 많이 생각하고 고민한 끝에 결혼을 하든 하지 않든, 모두 존중받아야 할 선택이다. 결혼은 그저 선택 사안일 뿐, 자신의 의지로 결정한 선택이라면 모두 존중받아 마땅하다.

영화는
어떻게 인간을 치유할까

　작년 1월에 엄마와 단둘이 제주도로 여행을 다녀왔다. 엄마는 괜히 돈을 많이 쓰게 되는 여행은 싫다면서 집에서 맛있는 거나 해먹자고 거절을 했다가, 오랜만에 제주도에 가서 동백꽃도 실컷 보고 바닷바람 쐬고 오자는 나의 제안이 싫지 않으신 눈치였다. 25년 전에 아버지랑 갔던 제주도 여행에서 아버지가 엄마를 놔두고 혼자 돌아다녔다는 말을 살면서 수십 번은 들었는데, 내심 딸과 함께하는 제주 여행은 어떨까 기대하시는 것 같았다. 올해로 엄마가 폐암 수술을 하신 지 4년이 되었다. '4주년 축하해' 같은 손발 오그라드는 말은 하지 않았지만, 팔순이 다 된 엄마가 이렇게 건강하셔서 나와 장거리 여행을 하신다는 것만으로도 많이 감사하고 행복한 일이었다.

2015년 초, 엄마의 폐에 암으로 추정되는 깃털 같은 음영이 발견된 차트를 보았을 때, 눈물도 나지 않았다. 태생적으로 워낙 부지런하고 건강하셔서 또래분들보다 활기차고 본인의 연세로 보이지 않았던 나의 엄마. 평소에 건강과 자기 관리에 관심이 많았던 나. 다른 사람도 아니고 나의 엄마가 암에 걸렸다니……. 개복해서 폐의 조직을 떼어내 검사하고 바로 수술하자는 의사의 말에, '막상 개복해보니 암이 아니었다'라는 말을 들을 수 있기를 간절히 바랐었다.

자기 죽음 앞에서 과연 담담할 수 있는 사람이 있을까? 영화 〈8월의 크리스마스 1998〉 주인공 정원은 아버지를 모시고 살며 사진관을 운영한다. 젊은 나이에 시한부 인생을 받아들이고 가족, 친구들과 담담한 이별을 준비하던 어느 날 주차단속 요원 다림이 나타나고 그의 일상이 조금씩 흔들리게 된다.

영화에서 정원은 항상 웃고 있다. 말 없는 웃음은 그의 깊은 배려와 사랑을 더 빛나게 한다. 허진호 감독은 밝게 웃고 있는 고 김광석의 영정 사진을 보고 모티브를 얻었다고 한다. 죽음 앞에서 웃고 있는 모습을 통해 삶의 아이러니를 느겼던 감독은 영화에서 정원의 병이 무엇인지, 언제부터 아팠는지, 몇 살인지도 표현하지 않는다. 모든 생각과 감정을 관객의 판단에 맡긴다. 그 흔한 스킨십 하나 없이, 사랑한다는 말 한마디도 하지 않고 정원과 다림이 서로 사랑하고 있음을 보여준다. 죽음도 사랑도 그저 하나의 일상일 뿐이라는 듯 담담하게 흘러간다.

정원과 다림의 사랑과 별개로 드러나는 또 하나는 정원과 아버지의 사랑이다. 정원은 본인이 죽은 후에 홀로 남겨지는 아버지를 걱정한다. 사진관에서 쓰는 기계 작동법을 아버지에게 가르쳐주고, VCR 리모컨으로 비디오테이프를 녹화하는 순서를 가르쳐주다 반복해서 가르쳐줘도 자꾸 틀리는 아버지에게 결국 버럭 화를 내고 만다. 죽어가는 아들과 말없이 그를 지켜보는 아버지.

만약 사소한 질병이리라 생각하고 병원에 갔는데, 내 삶이 몇 개월밖에 남지 않았다는 이야기를 듣게 된다면 어떻게 하게 될까? 좌절, 분노, 후회, 슬픔 등의 감정을 거치다 결국에는 나의 죽음을 받아들이는 체념의 단계에 이르지 않을까?

배우 한석규가 연기했던 영화 속 정원처럼 하루하루를 살아내는 것밖에 할 수 없었을 것이다.

　내가 오랫동안 드림북에 붙여 놓고 꿈꿔왔던 엄마와의 2박 3일의 제주 여행이 행복하기도 하고 아쉽기도 했다. 엄마는 생각보다 더 소녀 감성으로 나와의 여행을 즐기시는 모습이었고, 또 생각보다 더 체력이 약해지셔서 많이 걷지 못해 계획한 일정을 모두 소화할 수는 없었다. 내년 엄마의 수술 5주년에는 엄마의 암 완치 기념으로 또 여행을 떠나야겠다. 〈8월의 크리스마스〉의 배경이 되었던 군산으로 가서 정원과 다림의 추억이 있는 초원 사진관에 꼭 들러야겠다. 다림처럼 예쁜 미소의 엄마 사진도 찍어 드려야지.

마음을 치유하는
영화의 힘

기억은 일종의 약국이나 실험실과 유사하다.
아무렇게나 내민 손에 어떤 때는 진정제가, 때론 독약이
잡히기도 한다.

- 마르셀 프루스트

영화 〈마담 프루스트의 비밀정원 Attila Marcel, 2013〉에서 사람들은 자신들의 기억을 낚는다. 마담 프루스트가 건넨 차 한 잔과 마들렌 한 조각을 통해 잊고 있었던 심연의 기억과 마주하는 것이다. 주인공 폴 역시 마담 프루스트의 정원에서 어릴 때의 기억을 끌어올린다. 엄마가 불러주던 자장가, 바닷가의 햇빛과 아이스크림, 몽글몽글한 추억들이 폴을 조금씩 웃게 만든다. 하지만 모든 기억이 아련하고 행복한 것만은 아니었다. 폴은 아빠와 엄마가 싸우던 날, 아빠가 엄마를

때리던 그날의 기억과도 마주한다. 폴은 이제 또 다른 기억과 만나는 게 두렵다. 더 끔찍한 일이 있었을지도 모르니까. 하지만 나쁜 기억에만 매몰되어 있으면 변하는 건 없다. 앞으로 나아가야만 과거는 그대로 과거가 된다.

> "나쁜 추억은 행복의 홍수 속에 가라앉아. 수도꼭지를 트는 건 네 몫이란다."

폴이 용기를 내 다시 끌어올린 기억, 아빠는 많은 관객이 쳐다보는 가운데 링 위에 엄마와 서 있다. Attila Marcel이라는 아빠 이름과 같은 제목의 탱고에 맞춰 둘은 격렬한 몸싸움을 벌인다. 폴의 기억 속에 남아 있던 아빠가 엄마를 때린 날의 모습도 절묘하게 겹쳐진다. 그러다 어느 순간 묘하게 춤사위로 바뀌는 둘의 동작, 폴에게 중요한 변곡점이 되는 이 기억은 당시 상황을 상징적으로 보여준다. 엄마 아빠의 결혼을 못마땅해했던 이모들의 부정적인 눈빛, 링 위의 선수들을 보는 듯한 부담스러운 시선, 갈등이 없을 순 없지만 그럼에도 행복했던 엄마와 아빠, 거실에서 같이 탱고를 추기도 했던 엄마와 아빠, 그들이 폴을 향해 웃고 있다. 이는 무서운 사람으로만 기억하던 아빠를 다시 생각해보는 계기가 된다.

폴은 아빠에 대한 기억을 만남으로써 그에 대해서 갖고 있었던 '무섭고 나쁜 사람'이라는 이미지를 내려놓을 수 있었다. 오랫동안 억눌렸던 압박에서의 해방이었다. '나는 불행한 아이였어', '공포스러운 아빠가 나를 계속 쫓아올 거야', '나는 아무것도 할 수 없어' 등의 무력감, 허무함 같은 압박에서 말이다.

사람은 누구나 본능적으로 고통을 바라지 않기 때문에 상처를 숨겨두고 외면하려고 한다. 하지만 이러한 방어기제는 잠재의식 속에 머물다 어느 날 갑자기 기억을 통해 불쑥 나타나 고통을 주게 된다. 나의 어린 시절 아빠에 대한 기억도 상처로 남아 마음속 깊숙이 아무도 모르게 숨겨두었다. 엄마를 힘들게 했던 아빠, 집 안과 밖에서 전혀 달랐던 아빠의 모습, 그로 인해 불행했던 나, 그 기억들은 과연 언제까지 유효할까?

〈마담 프루스트의 비밀정원〉은 삶의 행복과 불행을 결정짓는 기억의 본질을 예리하게 통찰한다. 식물을 통해 사람의 마음을 진정시키고 본능적으로 외면하고 싶었던 내면의 상처와 대면해 아픔을 스스로 치유하게 만드는 심리 치료를 한다. 마담 프루스트로 인해 폴은 과거의 기억을 되찾게 된다. 아버지에 대한 나쁜 기억은 오해에서 비롯된 것이며 부모님이 돌아가신 것은 우연한 사고 때문이었다는 것을 알게 된다. 폴에게 크나큰 상처로 남은 기억의 오류는 깨지고 아름다운 기억이 폴의 내면을 가득 채울 때 비로소 부모님의 사랑을 깨닫는다. 그리고 상처는 서서히 치유된다.

'당신의 기억, 행복한가요?'라는 영화 카피처럼 이 영화를 보고 나서 비로소 나의 어릴 적 기억들도 영원하지 않음을, 유효기간이 다했음을 느끼게 되었다. 평균 수명이 늘어나며, '나이 든 부모와 자식이 어떻게 살 것인가?' 하는 화두는 개인을 넘어 사회문제로 확대되고 있다. 나도 팔순의 노부모와 매일매일 어려운 숙제를 하나씩 풀어나가는 느낌이다. 한없이 크고 항상 나를 지켜줄 것 같았던 부모님이 나이가 들어 어제와 오늘이 달라지고, 어제는 할 수 있던 일도 오늘은 할 수 없을 때, 그리고 나와 가족에 대한 기억을 서서히 잃어갈 때 우리는 여전히 부모님을 사랑할 수 있을까? 실의에 빠지지 않고, 절망하지 않고, 힘들어하지 않고 계속 곁을 지킬 수 있을까? 부모와 자식 관계가 서로의 존재 자체를 인정하는 것만으로도 서로의 가치를 찾을 수 있다. 부모도 나도 함께 나이 드는 것을 인정하게 되는 것이다.

〈마담 프루스트의 비밀정원〉에서 가장 좋아하는 장면은 폴의 엄마가 자장가를 불러주는 장면이다. 폴의 미래를 두고 옥신각신하는 가족들 사이에서 엄마는 '어느 쪽도 바라지 않는다'라고 노래한다. 아들의 인생은 아들이 결정할 거라고, 필요한 건 그저 사랑, 꿀, 햇빛, 그뿐이라고. 엄마의 메시지는 마담 프루스트에게로 이어진다. 그녀가 폴에게 준 쪽지에 적혀 있던 말. Vis ta vie. 프랑스어로 '네 삶을 살아라'라는 뜻이다.

무심해지기,
치유는 거기서부터 시작이다

예민하다[02]

1. 무엇인가를 느끼는 능력이나 분석하고 판단하는 능력이 빠르고 뛰어나다.
2. 어떤 문제의 성격이 여러 사람의 관심을 불러일으킬 만큼 중대하고 그 처리에 많은 갈등이 있는 상태에 있다.

유의어: 날카롭다 민감하다 영민하다
반의어: 무감각하다 무디다

 평소에 자주 쓰는 말인데, 아니 자주 듣는 말인데 정확한 뜻을 찾아보려고 사전적 의미를 검색했더니 긍정적인 의미도 있다는 것에 새삼 놀란다. 상대가 나에게 예민하다고 하면 민감, 까칠, 신경질적, 히스테리까지 의미가 확장되어서 그 표현에 또 예민하게 반응하게 되는 것이다. 그런데 1번의 뜻이라면 긍정의 의미가 맞는 것 아닌가?

---

02 표준국어대사전

일상에서 '신경이 예민하다'라는 말을 흔히 한다. 정신의학과 간호사인 친구와 이야기를 나누다 보니 그렇게 단순하게 표현할 말은 아니었다. 신경이 예민하다는 것은 우선 오감이 모두 민감해진 상태이다. 시각 자극을 최대로 흡수하기 위해 동공이 확장된다. 청각도 예민해져 작은 소리에도 쉽게 놀란다. 촉각도 예민해져 미세한 자극도 민감하게 느껴진다. 교감신경 또한 민감해져 작은 자극에도 가슴이 쉽게 두근거린다. 신경이 예민한 사람이 불안을 잘 느끼게 되는 이유다. 자극에 민감하고 쉽게 불안해지니 잠이 잘 올 리가 없다. 그러한 반응이 몸에 자주 일어나니 쉽게 지치게 된다. 신경이 예민한 초기에는 긴장이 잘 되지만 시간이 지나면서 신경쇠약으로 진행되어 무기력해진다. 당연히 우울증이 오기 쉽다. 흔히 우울과 불안이 동반된다.

'예민한' 내가 '극도로 예민한' K와 함께 일을 하면서 마음을 많이 다쳤다. 함께 일하기 전, K는 내가 꽤 좋아하는 대상이었다. 그녀는 어떤 사람 앞에서도 당당했고, 항상 카리스마가 넘쳤으며, 상대를 꿰뚫어 보는 것 같은 통찰력을 갖고 있었다(있는 것처럼 보였다). 여성은 유전적으로 나와 다른 사람에게 끌린다는 연구 결과가 있다. 나와 너무 달라 보이는 그녀와 친하게 지내고 싶었고, 함께 일을 하면서 혹시 관계가 깨지면 어쩌나 하는 우려의 마음보다는 내가 좋아하는 사람에게 도움이 되고자 하는 마음이 더 컸기 때문에 일을 시작할 수 있었다. 예약제 헤어살롱이었는데 나는 연말에 숍이 가장 바쁠 때 긴급 투입된 구원 투수와 같았다. 100% 예약제이기 때문에 전화만 잘 받아줘도, 예약을 받아서 스케줄만 잘 조정해줘도 정말 고맙겠다는 그녀의 제안에 선뜻 시작한 일이었다. 그런데 막상 일을 시작해보니 생각과는 매우 달랐다. 외부에서 벨을 누르면 숍의 문을 열어주고, 손님을 맞이하고 겉옷을 받아서 옷장에 넣고, 소파에서 손님이 기다리는 동안 차를 내어주는 일, 그 사이사이에 전화는 계속 받는다. 이 단순한 일들이 예민한 나와 극도로 예민한 K 사이에서는 너무너무 어려운 일이 되어버렸다. 현관의 벨이 울린 후 몇 초 만에 내가 문을 열고 옷은 얼마 만에 넣는지, 차를 내주는 데 걸리는 시간과 예상치 못한 소리는 왜 들리는지 모두 체크를 하고 있었다. 숍으로 걸려오는 전화를 받을 때 나의 목소리 톤과 음성 사이에 섞이는 웃음까지도 그녀에게 거슬리는 요소일 줄은 생각도 못 했다.

K는 나의 외모도 그녀가 원하는 대로 하길 바랐다. 나는 태어나 처음으로 쇼트커트를 했고, 안 입던 원피스에 니트를 받쳐 입은, 그녀의 표현대로 '호텔 메이드' 같은 외모로 새롭게 태어났다. 소심하고 결정장애인 데다 손재주가 없는 나에게 그녀가 헤어디자이너 역할이었을 때는 궁합이 잘 맞았었다. 손님이 '이런 스타일로 해주세요' 하는 것을 싫어하고, 본인이 하고 싶은 스타일로 디자인을 하는 사람이라서 나 같은 사람에게는 편했다. 그런데 함께 일을 해보니 일하는 내내 숨소리도 들키면 안 될 것 같은, 화장실에 들어가서야 숨을 몰아쉴 수 있을 정도로 극도의 긴장 상태를 유지해야 했었다.

그런 그녀와 광화문 씨네큐브로 영화를 보러 갔다. 루카 구아다니노 감독의 영화 〈아이 엠 러브 I Am Love, 2009〉. 영화는 아들의 친구와 사랑에 빠진 여자 주인공 엠마의 인생을 흔들 정도의 큰 사건으로 시작된다. 이를 기점으로 엠마는 아내와 어머니, 며느리로서 해야 할 역할을 유지하느라 사랑을 포기하는 일반적인 선택을 따르지 않는다. 자신의 사랑을 찾아서 재벌가를 나오게 되는 내용이다. 내용은 심플하지만 아주 원

초적인 감정을 밀도 있게 담아내었다. 웅장하고 아름답고 화려한 영상에 폭발하는 감정을 우아하고 아슬아슬하게 표현해 보는 내내 긴장을 놓을 수가 없었다.

이 영화는 제목 그대로 '사랑'이라는 주제가 가장 큰 틀이겠지만, 나에게는 '자유'의 의미가 더 다가왔다. 주인공 엠마에게 사랑은 자유를 향한 기폭제였다. 영화가 시작되고 한참 지난 뒤 관객은 엠마를 보고 있지만, 그녀가 누구인지는 알지 못한다. 그녀는 과거도 미래도 없이 아내, 어머니, 며느리로서 현재를 기능적으로 메우고 있는 존재처럼 보이기 때문이다. 그녀는 러시아인도 이탈리아인도 아니며, 키티쉬도 엠마도 아니었다. 아들의 친구인 요리사 안토니오와 정사를 나눈 뒤 처음으로 자신에 관한 이야기를 꺼낸다. 그동안 자신을 둘러싸고 있던 가정을 벗어나 소나기처럼 찾아온 사랑 앞에서 자신이 여성임을 다시 지각하게 되었을 때, 완전히 잊은 듯이 살았던 과거가 떠오르기 시작한다. 그리고 그것은 그녀의 완전히 다른 미래를 여는 문이 된다.

우리는 어떤 이야기든 대체로 엔딩을 궁금해한다. 과연

엠마는 만족하며 살았을까? 부와 명예, 자식과 안정을 포기하고 안토니오와는 영원할 수 있을까? 하지만 인생에 엔딩이란 건 죽음밖에 없다. 그렇기에 안토니오와의 엔딩이 그녀 인생의 엔딩은 아닌 것이다. 중요한 건 지금, 이 순간 엠마가 안토니오와 공감하는 순간의 영원함이다. 안토니오를 선택해서 더 불행할지, 집안의 엄마이자 아내로 남아서 더 불행할지 우리는 알 수 없기에 그녀를 재단할 수도 재단할 필요도 없다. 이 영화의 제목인 〈아이 엠 러브〉는 '나는 사랑이다'보다는 '나는 사랑으로 존재한다'로 이해해야 할 것이다.

영화를 보고 나와서 나는 자유를 결심했다. 그 숍에서 K가 입혀주는 옷을 입고 그녀가 소리 내라는 대로 말하는 그녀의 인형으로 더는 버틸 수가 없었다. 내가 원하는 삶을 살려면 나에겐 좀 더 섬세하고 민감해지고 남에겐 좀 더 무심해져야 한다. 나를 사랑한다는 것은 나를 잘 알고 나에게 좀 더 민감해지는 걸 의미한다. 내 기분과 감정, 의식의 흐름에 대해 누구보다 잘 알고 내가 행복해지기 위해 선택하고 행동할 줄 알게 되는 것을 뜻한다. 이것도 연습이 필요한 일이고 동시에 남의 시선에 더 둔감해져야 가능한 일이다.

무심해져야 한다. 내 행복을 방해하는 모든 요소로부터 무심해져야 한다. 나의 삶에서 진짜 중요한 것을 선택하고, 필요 없는 것을 과감하게 덜어내어 무심해지는 일. 행복은 거기서부터 시작된다. 내가 달라져도 어차피 가족이나 주변 사람들, 동료들, 친구들은 크게 달라지지 않는다. 그들은 여전히 좋은 사람들이고 또 나를 그들의 방식대로 평가하고 재단하려 들 테니까. 나는 앞으로 내 삶의 중요한 영역에 그들이 침범하려 할 때마다 때론 더 둔감해질 거고 때론 내 의사를 있는 그대로 표현할 거다. 내가 행복해지는 방식대로 살기 위해 이기적인 사람이 되는 일, 얼굴을 붉힐 수도 있는 일도 필요하면 하겠다는 뜻이다. 인생은 정말 짧다. 그리고 젊음은 더 짧다.

언제까지
나만 상처받으며 살아야 할까

좋아하는 배우 미셸 윌리엄스의 영화 〈우리도 사랑일까 Take This Waltz, 2011〉에 이런 대사가 나온다.

[비행기 옆 좌석으로 처음 만난 남녀의 대화]

마고   비행기 갈아타는 게 너무 무서워요. 시간 안에 갈 수 있을까 걱정하는 것도 겁나고, 잘 모르는 곳을 이곳저곳 뛰어다니며……

남   비행기도 놓치고?

마고   아뇨. 비행기를 놓치는 건 두렵지 않아요.

남   그럼 뭐가 두려운 거죠?

마고   비행기를 놓칠까봐 걱정하는 게 두려워요. 무언가를 두려워하는 감정이 제일 두려워요.

나는 주인공 마고의 말에 마음속 깊이 공감했지만 꼭 고쳐졌으면 좋겠다는 마음도 컸다. 나도 주인공과 같은 잔걱정들로 밤을 새운 적이 여러 번이다. 하지 않아도 되는 불필요한 걱정, 조금만 신경 써도 되는 일에 대한 지나친 걱정들 때문이다. 그중에 하나, 혼자 처음 가게 되는 낯선 장소까지 갈 수 있는 교통편은 여러 가지 방법이 있을 수 있다. 버스를 갈아타야 한다면 내리는 정류장과 갈아타는 정류장이 같은 정류장인지 다른 곳인지. 그것을 미처 확인하지 않아서 비 오는 날 힘들게 고생했던 기억이 있다. 정류장 번호까지 같은지 확인하고 정류장의 위치를 로드뷰로 보고 나서야 안심이 된다. 그 경로를 아이폰에 저장도 한다. 길치에다 방향치라서 갖게 되는 두려움이 너무 크다.

  방향치인 나를 항상 도와주던 L이라는 동료가 있었다. 나이는 나보다 어린데 결혼을 하고 아이를 키우고 있어서인지 나보다 어른스럽던 동료였다. 하루에 수백 명의 고객을 상대해야 하는 감정노동이 주 업무였던 이전 회사에서 마음고생이 굉장히 심했었는데, 업무뿐 아니라 상사와의 스트레스도 날로 심해져서 그저 하루하루를 버티는 나날이었다. 그런 서로를 위로하고 버티던 어느 날, L이 공황발작을 일으켰다. 갑자기 머리를 감싸 쥐고 통증을 호소하다 숨을 제대로 쉬지 못하자 고통스러워 비명을 질렀다. 가슴 부위를 움켜쥐고, 목과 머리에는 경련이 오는 상황을 눈앞에서 처음부터 끝까지 목격했다. 끝까지라고 함은 공황발작을 일으킨 그녀를 내가 데리고 병원에 갔기 때문이다. 지금 생각해보면 그녀도 나도 처음이라 너무 당황했었다. 119에 전화를 했어야 했는데……. 그녀를 병원까지 데리고 가는 동안 또 어떤 일이 발생했을지 모르는데 너무 위험한 상황이었다.

현대인들에게 공황장애는 그리 낯선 질병이 아니다. 통계에 따르면 전체 인구의 1.5~5%가 일생에 한 번은 공황장애 진단을 받는다고 한다. 적게 잡아도 우리나라에만 약 70만 명 정도의 공황장애 환자가 있는 셈이다. 공황발작의 양상이 심근경색이나 협심증 등의 심장질환과 비슷하여 혹시나 심장마비로 죽는 게 아닌가 하고 걱정하는 사람들이 많지만 그렇지는 않다.

공황장애는 분명 불안하고 불편한 병이지만 그 증상 때문에 목숨을 잃는 일은 일어나지 않는다. 다만 치료를 하지 않는 경우 계속 재발할 우려가 있으므로 무척 힘들고 불편할 수 있는 병이다.

공황장애 초기에는 간헐적인 공황발작만이 있지만, 만성화되는 경우에는 다양한 2차적 증상들이 나타나 환자들이 더더욱 괴로워한다. 증상으로는 예기불안, 광장공포증, 우울증과 자살, 알코올 중독과 약물 남용 등을 들 수 있다.

예기불안은 '그 끔찍한 발작을 또 일으키면 어쩌지' 하는 것이다. 공황발작은 한 번 경험하고 나면 다시는 하고 싶지 않은 끔찍한 경험이다. 이런 끔찍한 일을 반복적으로 당하게 되면, 언제 올지 모르는 발작에 항상 불안해진다. 공황장애 환자들의 50% 이상이 사람이 많이 모이는 장소를 두려워하고 기피하는 광장공포증을 보인다. 결국 사람들이 붐비는 곳을 다닐 수 없게 되고, 차량 통행이 잦은 길이나 터널에서 운전할 수가 없으며, 지하철이나 버스와 같은 대중교통 수단을 이용할 수 없게 된다. 공황장애는 사회생활에 심각한 장애를 초래한다.

영화 〈우리도 사랑일까〉는 많은 사람들이 느끼는 '경계성 불안 장애'라는 일반적인 소재를 감독 자신의 개성 있는 분석과 섬세한 표현으로 만들어낸 영화이다. 남편의 사랑을 듬뿍 받고 사는 마고는 부러운 것 없어 보이는 결혼 5년 차의 프리랜서 작가이다. 불현듯 찾아온 대니얼과 사랑에 빠지지만, 현재의 안일한 행복도 놓치기 어렵다.

영화는 비행기를 갈아타는 상황에서도 공황장애를 겪는 마고가 새로운 사랑으로 갈아타는 모험을 그린다. 비행기를 놓칠까봐 걱정하는 게 두렵고, 그 무언가를 두려워하는 감정 자체가 제일 두려운 마고는 휠체어를 타고 복잡한 공항을 빠져나가 안전하게 갈아타는 방법을 선택한다. 행복하고 안전한 선택이었다고 생각한다.

공황발작을 했던 동료 L은 우울증과 불안 장애, 공황장애를 진단받고 치료를 위해 결국 회사를 그만두었다. 약물치료와 함께 불안이나 공포감, 스트레스의 요인을 줄이면 공황발작이 감소한다고 했다. L이 여행에서 돌아오면 우리가 함께 보면 위로가 될 만한 영화 한 편을 보러 가야겠다.

나는
괜찮은 사람이야

작년 봄, 우리 집에 불이 났다. TV 뉴스를 보면서 요즘 왜 이렇게 화재가 자주 발생하나 그랬었는데 우리 집에 불이 나다니, 이 글을 쓰는 순간에도 온 집 안에 스며든 눈에 보이지 않는 분진들이 계속해서 폴폴 날리고 있을 것이다. 화재의 뜻이 뭐였지? 새삼스럽게 사전을 찾아본다.

화재(火災): 불이 나는 재앙[03]

맞다. 화재는 재앙에 가깝다. 화재 전문 청소 업체를 불러서 스팀 고압 청소를 했는데 썩 마음에 들지 않았다. 머리를 아프게 했던 유독 가스는 어느 정도 빠져나갔을까? 과연 이

---

03 표준국어대사전

제는 괜찮을까 싶다. 거실은 도배를 새로 했고 불에 탄 것들 뿐 아니라 오래 써서 전선이 낡은 가전제품들은 미련 없이 모두 버렸다. 내 방 행거의 옷들은 80%쯤 버렸다. 그런데 아직도 곳곳에 남아 있는 화재의 흔적들. 얼마나 더 닦아내고 버려야 사람이 살 만한 집이 될 수 있을까? 이사를 하지 않는 이상 더 이상의 노력은 쓸모가 없을는지도 모르겠다.

  엄마와 내가 며칠간 검은 가래와 콧물을 배출했을 뿐, 눈에 띄는 곳은 다치지 않았다. "사람이 다치지 않은 게 어디야"라는 말이 위로는 맞지만 그렇다고 다행인 상황은 아니었다. 팔순의 부모님과 당장 먹고 자고 쉬고 살아가야 하는 내 집. 그 집이 안전하지 않다고 여겨질 때 드는 불안감과 공포는 말로 할 수 없다. 그렇게 재앙을 겪고 경황없는 사람을 상대로 사기를 치는 나쁜 사람도 만나게 되었고, 소액이지만 소송도 진행했다. 그럴 때 당장 수백만 원의 비용보다 마음의 위로가 필요했었는데, 갈 곳이 없으면 침대를 내어줄 테니 언제든 오라는 선배의 전화를 받고 눈물이 났다. 나도 누군가 그렇게 큰일을 당하면 먼저 위로해주고 손 내밀어줄 수 있는 사람이 될 수 있을까?

나쁜 일이건 좋은 일이건 막상 닥쳐봐야 진짜 그 심정을 알게 되고, 그에 따른 해결 능력도 만들어지게 되는 것 같다. 강원도 산불로 오랫동안 고생하시는 분들에 대한 뉴스를 보면서도 어떤 구호 물품이 필요할지, 당장 일상생활은 어떻게 영위할지는 남의 일이었고 그 마음을 헤아려본 적도 없다. 설마 우리 집에도 불이……. 상상도 못 해봤다. 살면서 일어날까 말까 한 일, 아니 일어나지도 않은 끔찍한 일에 대해 상상을 왜 하나. 큰일을 당하고 보니 나에게 숨겨진 능력들이 퐁퐁 샘솟아 나는 느낌이다. 하나씩 하나씩 미션 클리어하는 기분으로 집 안 수습을 척척까진 아니어도 차근차근 원상태로 돌리는 중이다.

물리적인 수습 외에도 엄마와 내가 조금 더 의지하면서 문제를 해결해나가는 힘이 생긴 것에 감사한다. 청소하는 며칠 동안 동생네 집에서 사랑하는 강아지와 쉴 수 있음에 감사하고, 이케아에서 집에 필요한 소품들을 여유롭게 고를 수 있음에 감사하고, 집이 통째로 타지 않은 것에 감사하고, 위아래층 다른 집에 손해를 끼치지 않은 것에 감사하고, 며칠 뒤 집에서 다시 잠을 잘 수 있게 된 것에 감사했다.

집에 인터넷을 설치하고 왓챠에 가입한 후 엄마와 함께 볼 수 있는 영화들을 찾아봤다. 가족영화 폴더에서 찾은 영화 〈누구의 딸도 아닌 해원 2013〉. 스토리가 정확히 기억나지 않지만 극장에서 혼자 봤을 때는 재밌었는데 엄마는 어떻게 볼까? 다행히 오프닝 시퀀스가 엄마와 딸의 이야기로 시작한다. 그런데 꿈속에서의 엄마와 딸과 현실에서의 엄마와 딸은 엄연히 다르다. 주인공 해원은 북촌에서 우연히 만난 제인 버킨에게 "당신의 딸(샤를로뜨 갱스부르)처럼 될 수 있다면 영혼이라도 팔겠어요"라며 흥분된 어조로 말한다. 그러다 꿈이 깨고 마주한 현실에서의 엄마와는 분위기가 사뭇 다르다. 5년 만에 엄마를 만났는데, 그 엄마는 이제 캐나다로 떠나서 돌아오지 않을 것이라고 한다. 엄마는 자유로워질 거라고, 아주 자유롭게 하고 싶은 거 다 하면서 살 거라고 한다. 해원은 엄마에게 선물을 드리고 함께 시간을 보내는데 공원, 도서관, 학교를 들어가 보려 하지만 엄마는 입구에서 보자고만 한다.

"사는 건 죽어가는 거야. 하루하루 조금씩 죽음을 향해서 가는 거라구. 그러니까 아끼지 말고 너 하고 싶은 대로 하고 살아. 나처럼 살지 말고."

엄마처럼 살지 말라고 하는 해원의 엄마나 자식을 낳지 않겠다는 해원의 대사에서 사는 모양새는 많이 다르지만, 그 장면만큼은 우리 모녀의 이야기와 닮았다고 생각했다. 엄마처럼 부지런하고 억척스럽게 살지는 못하겠지만 엄마처럼 평생 남편에게 맞춰서 수동적으로 살지는 않을게요. 화재로 인해 그동안 좀 힘들었지만, 덕분에 엄마와 거실에서 함께 자면서 이런 시간을 만들 수 있는 것에 감사해하면서.

있는 그대로
사랑하라

　나에게는 67세의 친구 H가 있다. 우리의 관계는 올해로 10년 정도 되었다. 오랜 친구가 그렇듯, 최근에는 자주 만나지 못하지만 전화와 메시지로 서로의 안부를 묻고, 가끔은 기프티콘을 보내며 마음을 전하는, 그저 좋은 친구이다. H는 어릴 때부터 아버지가 양복점을 하셨는데 틈날 때마다 양복 재단종이 귀퉁이에 그림을 그려놓아서 재단사 아저씨한테 매일 혼났단다. 그 친구는 중학교 1학년 때 엄마와 헤어지게 되었는데, 마음이 많이 힘들 때도 그림을 그리면 힘듦을 다 잊었고, 가족들이 함께 기쁨을 나누는 순간에도 혼자 한쪽 귀퉁이에 그림을 그리며 속으로만 즐거워하는 소극적인 아이였다. 거의 습관처럼 그림을 그리며 놀았는데 그 친구에겐 그저 그림이 위로였다. 학교에서 미술 시간만 기다리는 아이였다. 학창 시절 성적표에 미술은 항상 '수'를 맞았고 그림 실력은 학교에서도 인정해주는 아이였다. 그러다 새어머니가 아들을 낳고 아버지가 사업에 실패하면서 집안 형편도 어려워졌다. 미대 진학을 원했지만 아버지가 고등학교까지밖에 보내줄 수 없다는 단호한 결정을 내리셨단다.

영화 〈내 사랑 Maudie, 2016〉은 화가 모드 루이스(1903~1970)의 삶을 그린 실화 영화다. 모드는 관절염으로 몸을 움직이기 힘들지만 언제나 당당했다. 자신을 버린 오빠와 비인격적 대우를 했던 이모 밑에서 자랐지만 기죽지 않았다. 그녀는 정규 미술교육을 받은 적이 없지만 어릴 적부터 계속 그림을 그렸다. 모드는 가정부로 에버렛을 만났지만 주도적으로 결혼을 이끌었다. 모드는 단 한 번도 환경에 굴복해 의지를 굽힌 적이 없다. 에버렛은 동네 외딴집에서 살며 생선과 장작을 팔아 생활한다. 건강한 몸과 훌륭한 기술을 가졌지만 괴팍한 성격에 거친 말과 행동으로 주변에 사람이 없다. 그는 단 한 번도 타인과 인간적 관계를 맺어본 적이 없는 야생의 사람처럼 보인다.

몸이 약하지만 강한 정신력을 가진 여자와 정서적으로는 결핍이 많지만 신체 건강한 남자는 퍼즐처럼 서로 맞아 들어간다. 에버렛은 몸이 뒤틀려 제대로 걷기 힘든 모드를 손수레에 태운다. 모드는 타인과 소통하는 법을 모르는 에버렛에게 끊임없이 마음의 문을 두드린다. 가족이 없는 에버렛에게 모드는 아내가 되어주고, 에버렛은 모드가 그림을 그릴 수 있는 환경이 되어준다.

그렇다고 이들이 마냥 행복하기만 한 것은 아니다. 모드는 에버렛의 집 곳곳에 그림을 그려서 그의 심기를 불편하게 하고, 에버렛은 폭력과 거친 말들로 모드에게 자주 상처를 준다. 모드는 견디다 못해 집을 나갔지만 따뜻하게 반겨줄 가족이 없어 결국 에버렛에게 다시 돌아온다. 마을 사람들은 괴팍한 생선 장수가 절름발이를 몸종으로 집에 들였다며 쑥덕대고 따가운 눈총을 보낸다. 그럼에도 옆에 있으려는 사람이 모드뿐이라 에버렛은 비난을 감수한다.

두 사람은 서로의 결핍을 채워주는 관계다. 모드의 그림은 결핍이 채워지면서 세상과 만나기 시작했다. 이를 가장 상징적으로 보여주는 장면이 있다. 음악으로 가득 찬 거실에서 모드는 에버렛의 발등 위로 올라가 사랑스럽게 춤을 춘다. 모드의 그림이 알려지며 두 사람은 유명해지고 언론 인터뷰까지 하게 된다. 사람들은 에버렛이 뛰어난 예술가 아내 덕을 보고 있다고 말한다. 하지만 사랑이 그렇게 일방적일 수만 있을까? 그녀의 뛰어난 작품 뒤에는 발이 되어주는 남자가 있었던 것이다.

부족한 것이 많은 모드와 에버렛은 오랫동안 서로에게 온기가 되어주었다. 하늘로 떠날 준비를 하는 모드를 보며 에버렛은 "내가 왜 당신을 부족한 사람이라고 생각했을까?"라고 자문한다. 에버렛이 보는 앞에서 생을 마감하는 모드는 그에게 이 말을 건넨다. "난 사랑받았어요."

내 친구 H는 모드가 이모 집을 나올 때부터 울기 시작했다. 눈앞이 안 보이게 눈보라가 치고 일자리를 찾아 불편한 다리로 한참을 걸어 에버렛의 집을 찾아갔을 때, 본인이 살아온 삶과 동질감에 너무 가슴이 아파서 눈물이 주체가 안 되더란다. 중1 때 엄마와 헤어졌으니 큰엄마의 집과 새엄마가 있는 본가를 오가면서 컸는데, 밤에 문득 깨면 슬픔이 울컥 치밀어 올라서 마당에 나가 달을 보며 울다 들어오곤 했단다. 한참 감수성 예민할 그 시기를 어떻게 견뎠을까? 그 이야기를 들으며 나도 마음이 많이 아팠다.

65세 이후에 남들은 정년퇴직하고 집에서 소일거리를 찾으려 한다는데, H는 그림을 배운다. H의 재능을 알아보고 그 소중한 재능을 살려보라는 친구의 말을 듣고 그림을 배우기 시작한 것이다. 남편과 자녀들만 끔찍이 챙기다 노년에 본인 스스로를 챙기지 못하면 치매에 걸릴 수도 있다고 했단다. 몇십 년 만에 다시 그림을 그리기 시작하니 그 순간만큼은 오롯이 나만의 시간이고, 여행을 다니는 기분이 들면서 행복한 감정을 느끼게 된다고 한다. 어디에서도 느낄 수 없는 감정의 충만함. H가 그동안 그렸던 그림들로 같이 배운 동기들과 전시회를 한다며 나를 초대했다. 세상에, 벌써 전시회라니. 나는 놀랍고 반가운 마음에 한걸음에 달려갔다. 전시장에 도착해 작품들을 둘러보다 작품 아래에 있는 작가의 이름을 보지 않고도 나는 친구의 그림을 한 번에 찾을 수 있었다. 과감한 붓질과 화려하고 따뜻한 색감. 딱 내 친구 그 자체였다.

영화 〈내 사랑〉 엔딩에 실제 부부의 영상이 나오는데 모드 루이스의 풋풋함과 순수한 표정에 나도 모르게 웃으며 눈물이 흘렀다. 절망과 고통 속에서도 희망을 잃지 않았던 그녀의 용기, 어떤 상황에서도 붓을 놓지 않았던 그녀의 열정. 그 모든 것이 강렬하고 화려하면서 따뜻한 색감으로 표현된 작품들로 영화는 끝이 난다. "내 인생 전부가 이미 액자 속에 있어요." 기억하고 싶은 순간들을 그림으로 그려갔던 모드 루이스와 에버렛의 이야기를 보면서 사랑은 그렇게 있는 그대로 물들어가는 것이라고 생각했다.

어떤 사람은 늘 행복하고
어떤 사람은 늘 불행한 이유

 행복이 무엇일까? 행복은 과연 인생의 궁극적인 목표가 될 수 있을까? 그렇다면 그 행복에 이르는 데까지 필요한 조건, 요소에는 어떠한 것들이 있을까? 행복에 대한 정의는 사람마다 다를 것이다. 서은국 작가는 《행복의 기원》에서 이렇게 정의한다.

> '행복은 기쁨의 강도가 아니라 빈도다.' 나는 이것이 행복의 가장 중요한 진리를 담은 문장 중 하나라고 생각한다. 큰 기쁨이 아니라 여러 번의 기쁨이 중요하다. 객관적인 삶의 조건들은 성취하는 순간 기쁨이 있어도, 그 후 소소한 즐거움을 지속적으로 얻을 수 없다는 치명적인 한계가 있다.[04]

---

[04] 서은국, 행복의 기원, 21세기북스, 2014.

휴대폰에서 안테나가 사라지고 아무런 전파 방해도 받지 않는 곳으로 떠나고 싶다고 생각해본 적 있다. 그런 생각을 가진 주인공 타에코가 어느 날 남쪽 바닷가의 작은 마을로 여행을 떠나며 시작되는 오기가미 나오코 감독의 영화 〈안경 めがね, 2007〉.

그곳에는 친절한 민박집 주인 유지가 있고 매년 찾아오는 신비주의 빙수 아줌마 사쿠라, 수시로 민박집에 들르는 생물 선생님 하루나, 그리고 타에코 교수를 찾아온 제자 요모기가 있다. 이렇게 영화 〈안경〉은 다섯 사람의 만남을 그린 이야기다. 아름다운 바다와 파도 소리, 새소리, 그리고 바닷가 모래사장에서 녹음된 피아노 반주에 맞추어서 하는 메르시 체조, 돈이 아닌 어떠한 것이든 값을 치르면 먹을 수 있는 빙수 한 그릇, 장기를 두고 만돌린을 켜기도 하며 수레가 달린 자전거를 말없이 타고 다니는 사람, 잡히는 물고기가 없어도 즐거운 낚시, 한쪽 다리를 들고 낮잠을 자는 개, 그 바다 앞에서 마시는 맥주와 붉은 랍스터, 그곳에는 아무도 재촉하지 않는 자유와 텅 비어 있어 기분 좋은 충만함이 있다. 인물 간의 갈등도 없고 큰 사건 사고 없이 심심하기 짝이 없는 이 영화가 정말 좋아서 여러 번 보았다. 딱 그 바닷가 그 마을에 가서 그렇게 살고 싶어졌다.

1. 자유롭게 구사하는 외국어 하나
2. 관람에 그치는 것이 아니라 직접 즐길 수 있는 스포츠 하나
3. 다룰 줄 아는 악기 한 가지
4. 남들과 다른 맛을 낼 수 있는 요리 하나
5. 공분에 의연히 참여하는 자세
6. 꾸준한 봉사 활동

위에 열거한 것들은 어떠한 기준으로 선택된 항목들일까? 내가 처음 봤을 때 각각 다른 요소들의 조합이라서 쉽게 예상이 되지 않았다. 인터넷에서 한참 이슈가 되었던 것인데, 바로 나라별로 중산층을 정의하는 기준을 비교한 것이다. 위의 항목들은 프랑스에서 중산층의 정의라고 알려진 내용이다. 그렇다면 우리나라 사람들이 생각하는 중산층의 정의는 어떨까? 다음과 같다.

1. 부채 없는 30평 이상의 아파트 소유
2. 월 급여 500만 원 이상
3. 2000cc급 이상 자가용 소유
4. 예금 잔고 1억 원 이상
5. 1년에 한 차례 해외여행을 갈 수 있는 여유

나라별로 지리적 환경, 기후, 인구, 언어, 역사 모두 다르지만 프랑스와 우리가 생각하는 중산층의 기준은 어쩌면 이렇게 확연히 다를까? 어찌하여 우리에게 인생의 목표가 오로지 경제적 성공이 되어버린 것일까? 우리나라 학생들의 학습 시간은 세계 어느 나라와 비교해도 월등히 높고, 직장인들의 업무량 역시 엄청나게 차이가 난다. 독일, 네덜란드, 덴마크, 스웨덴 등 유럽 국가의 평균 노동시간은 주 28~33시간으로 주4일제가 이미 일상화되었다. 그런데 우리나라는 작년에 주당 법정 근로시간을 최대 68시간에서 52시간(법정근로 40시간 + 연장근로 12시간)으로 단축했는데, 아직도 여야 정당 간의 합의가 이루어지지 않고 탄력 근로제 확대와 개선된 선택 근로제 논란으로 여전히 시끄럽다. 유럽의 국가들과 비교해 1년에 100일, 인생의 3분의 1에 해당하는 시간을 일에 더 투자한다는 계산이다. 왜 그렇게 열심히 길게 공부하고 일하는데 삶의 질은 그들보다 낮다고 하는 것일까?

　우리는 자기 자신이 아닌 주변 사람과의 수많은 관계에서 오는 비교 스트레스에 시달리고 있다. 어린이 행복종합지수의 세부 항목을 분석했더니 학년이 올라갈수록 행복감은 줄고 불행하다고 느끼는 어린이가 늘어나고 있다는 결과가 나왔다. 남과 비교하는 자신이 싫지만 구직자 82%는 비교 스트레스에 시달리고, 20~30대 성인남녀 10명 중 7명은 명절 때 친척 간 비교 스트레스가 심하다고 느낀다. 비교 스트레스는 타인과의 관계에서뿐만 아니라 형제간 관계에서도 발생해 특히 자신보다 동생이 더 나은 결과를 보이는 경우에 많은 스트레스를 받고 있었다.

　나는 타인의 시선에서 자유로워지기로 했다. 우리나라에서 생각하는 중산층 기준대로라면 현재 몹시 가난한 사람이지만 프랑스의 기준을 적용한다면 얼마든지 지금처럼 흥미로운 것들을 배우고 가치롭게 생각하는 일에 시간을 보내면서 삶을 즐길 수 있을 것 같다. 지금, 이 순간 최선을 다해 즐겁

게 살고 이렇게 즐거운 하루하루가 이어져 언젠가는 행복한 삶으로 존재하기를 희망한다. 나는 행복할 자신이 있다.

도파민과
세로토닌

  좋아하는 사람을 생각하면 심장이 뛰는 사랑의 유효기간은 과연 얼마나 될까? 3개월? 1년? 3년? 사랑의 호르몬이 작용하는 기간을 제목으로 한 《900일간의 폭풍, 사랑》이라는 책도 있다. 사랑은 이성이 아닌 가슴으로 한다고 말한다. 하지만 과학자들은 사랑마저도 관찰한다. 다양한 실험과 데이터, 관측을 통해서 사랑의 과정을 설명한다. 마음에 드는 대상을 보고 호감을 느끼는 순간 우리 뇌에서는 '도파민' 호르몬이 분비된다. 거꾸로 인간의 감정을 조절하는 '세로토닌' 호르몬 농도는 감소한다. 사랑에 빠질수록 물불 안 가리고 상대에게 집착하는 이유가 여기에 있다. 사랑에 빠진 사람과 강박증에 걸린 환자의 뇌는 놀라울 정도로 일치한다.

2010년 〈성의학 저널〉에 실린 미국 시러큐스대 연구진 논문에 따르면 이성을 보고 호감을 느끼는 순간 뇌에서는 단 0.2초 만에 도파민이 분비되는 것으로 나타났다. 스스로 어떤 감정을 느끼고 있을지 모른다 하더라도 뇌에서는 이미 사랑을 위한 준비가 시작되고 있는 셈이다. 이 호르몬의 유효기간은 길어야 30개월에 불과하다. 열정적인 사랑이 계속된다면 인간의 몸은 버틸 수 없다. 호르몬의 유효기간이 지난 뒤 사랑은 가슴으로 설명해야만 한다. 사랑은 정말 3년 만에 끝나는 화학 작용에 지나지 않는 것일까?

영화 〈500일의 썸머 [500] Days of Summer, 2009〉는 누구나 한 번 정도는 겪었을 법한 실패한 사랑에 대한 영화이다. 다른 로맨틱 코미디와 달리 이 영화는 처음 시작부터 사랑 이야기가 아님을 강조한다. 영화는 남자가 여자를 만나는 이야기다. 톰은 어릴 때부터 영화를 많이 보고 음악을 많이 들어서 환상이 강하다. 사랑은 운명을 통해 찾아온다고 믿는다. 썸머는 현실적인 인물이다. 처음부터 굉장히 솔직하다. 부모님의 이혼으로 상처를 받아 사랑 같은 건 없고 환상일 뿐이라고 생각한다. 그래서 이 영화의 인트로가 중요하다. 톰과 썸머의 유년기를 한 화면에 담아 관객에게 가장 단순하지만 중요한 연애의 법칙을 일깨워준다. 서로 다른 환경에서 자란 남녀가 만나 서로를 이해하는 것은 결코 쉬운 일이 아니다.

  처음엔 상대가 나와 정말 달라서 '우리는 어쩜 이렇게 다를까?' 바로 그 다름에 서로 매력을 느껴서 호감이 생겼었다면, 시간이 흘러 도파민의 분비가 줄어들 때쯤엔 서로 너무 많은 부분이 다른 것, 그 다름이 견디기 힘들어지는 것이다. 오래전 연애의 기억을 꺼내 보면 나도 그랬다. 그 사람은 나를 만나기 전에 영화와 관련된 일을 하는 사람들이 싫었다고 했다. 영화인들은 약속을 잘 지키지 않고 자기만의 기준으로 사는 자유로운 영혼들이 많아서 타인에게 피해를 준다며 싫다고 했다. 그런데 나를 만나면서부터 그 생각이 바뀌었고 그렇지 않은 사람도 있다며 호감을 느꼈다고 했었다. 그런데 그놈의 호르몬, 그 호르몬이 문제였던 것인지 어느 순간부터 매일 만나면 행복한 시간을 보낼 때보다 싸우는 시간이 많아졌다. 어떨 때는 차 안에서 싸우다 울고불고 달래고 지치고 또 싸우다 밤을 꼬박 새우고 차 안에서 아침을 맞이한 적도 있다. 그때 우리는 이미 도파민이나 세로토닌 생성은 줄어들고 아드레날린만 뿜어져 나오고 있던 시기였을까? 그래서 한쪽은 '사람은 절대 변하지 않아', 다른 한쪽은 '아냐! 쉽게 변하기는 어려워도 서서히 변할 수 있다는 가능성에 희망이 있는 거지' 따위로 계속해서 싸웠던 걸까?

〈500일의 썸머〉 영화 속 주인공들도 다르지 않다. 같은 사람의 외모도 시간이 지날수록 다르게 보일 수도 있는 것이다.

> 154일째 "썸머를 사랑해. 그녀의 미소를 사랑해. 그녀의 머리칼이나 그녀의 무릎도 사랑해. 목에 있는 하트 모양 점도 좋아하고. 가끔 말하기 전에 입술을 핥는 것도 사랑스러워. 그녀의 웃음소리도 좋고 그녀의 자는 모습도 좋아."
>
> 322일째 "나는 썸머가 싫어. 그녀의 삐뚤삐뚤한 치아도 싫고 60년대 헤어스타일도 싫고 울퉁불퉁한 무릎도 싫어. 목에 있는 바퀴벌레 모양 얼룩도 싫어. 말하기 전에 혀를 차는 것도 싫어."

썸머를 운명적인 여자라고 말하는 톰은 영화 내내 수동적인 모습을 보인다. 회사의 복사실에서 첫 키스를 했을 때도,

크게 싸운 이후에 화해의 손길을 내미는 장면에서도 오히려 서로의 관계를 가볍게 생각한다던 썸머가 먼저 움직이는 모습을 보이곤 한다. 그저 톰은 그녀가 운명적인 여성이기 때문이라며 이 모든 일을 설명하려 한다. 그러다 썸머가 자신의 목소리를 내자 항상 자신이 썸머에게 맞추어 사랑을 해왔었다며 화를 내버린다. 사실 틀린 말은 아니었다. 그는 단 한 번도 능동적인 모습을 보여주지 못했으니까.

운명적이라는 말은 아주 매력적이고 환상적인 단어지만 결국 세상에서 가장 쉬운 핑곗거리가 되어버린다. 이별 이후 운명적인 사랑에 대해 회의를 느낀 톰에게 그녀는 이렇게 이야기한다. "책을 읽고 있는데 어떤 남자가 나에게 다가와서 책에 대해서 물어봤어. 그리고 그 사람이 지금의 내 남편이야. 지금은 운명을 믿어. 톰, 네가 옳았어." 운명적인 사랑은 없다며 웃었던 그녀가 운명을 믿게 된 것은 우습게도 톰 때문이었다.

뉴욕주립대학 스토니 브룩 캠퍼스 심리학과 아서 애런 박사팀의 연구에 따르면, 결혼 21년 차 커플이지만 지속으로 사랑하는 부부들의 뇌 영상을 찍어본 결과 이제 막 사랑을 시작한 1년 차 커플의 뇌와 거의 동일했다고 한다. 그 이유는 사랑의 유효기간을 늘려주는 호르몬, 즉 남자는 '바소프레신' 여자는 '옥시토신'이 존재한다는 것이다. 이들 호르몬은 상대방의 신뢰에 영향을 끼치는 것으로 친밀감과 모성애를 일으키고(옥시토신) 바람기를 잡아주는 기능(바소프레신)으로 평생 동안 꾸준히 분비된다는 것이다. 사랑은 정말 호르몬에 의한 화학 작용에 지나지 않는 것일까? 우리가 사랑에 관해 아는 게 한 가지 있다면, 그 누구도 사랑에 관해 정확히 알지 못한다는 사실이다.

2장

내가 좋아하는 나로 성장시키는 영화의 힘

카모메 식당 · かもめ食堂
2006

비긴 어게인 · Begin Again
2014

진짜로 일어날지도 몰라 기적 · 奇跡
2011

토이 스토리 4 · Toy Story 4
2019

그녀 · Her
2013

인사이드 아웃 · Inside Out
2015

비포 선라이즈 · Before Sunrise
1995

영화,
진정한 나를 찾아가는 여정의 안내자

영화과를 졸업했다. 누군가 "영화배우가 되고 싶었어?"라고 물었지만, 그저 영화가 좋아서 영화 공부를 결심했다. 하지만 대학을 졸업하고 오래 지나지 않아 나는 영화 일을 하지 않기로 했다. 아주 오랜 꿈에 대한 배반이었지만 서른세 살의 나에게 영화판은 만만치 않았다. 자유로운 영혼들만 있을 것 같았던 영화판에서 나이와 서열은 굉장히 중요한 부분이었다. 영화 현장에는 임권택 감독님 같은 분만 있는 것이 아니었다.

감독으로 데뷔할 기회는 1만 명 중 한 명의 확률로 어려운 일이었고, 영화가 제작될 수 있는 시나리오를 쓰게 되려면 족히 5년은 넘게 걸릴 것 같았다. 나는 내 능력이 부족함을 깨닫고 상업 영화에 몸담기를 포기했다.

그 후 영화와 방송 언저리에서 몇 가지 일을 하게 되었다. 뷰티 프로그램의 조연출, 장애인영화제 기술팀, 비영리단체 영상 미디어 교육, 홈쇼핑까지……. 아주 적은 월급을 받고 시간에 맞춰 출근하고 밥 먹듯 야근하다 피곤함에 지쳐 퇴근하는 삶. 대부분의 사람이 그렇듯 매일같이 반복되는 지루한 일상에 지쳐갔다. 그렇게 힘들고 위로가 필요한 순간에 영화 〈카모메 식당 *かもめ食堂*, 2006〉을 보게 되었다.

〈카모메 식당〉은 각자의 행복을 찾아 핀란드로 떠난 세 사람의 이야기다. 이야기는 그곳에서 작은 일본 식당 '카모메'를 운영하는 여자, 사치에로부터 시작한다. 손님이 없던 그녀의 식당에 어느 날 한 핀란드 청년이 찾아온다. 제법 익숙한 일본어를 구사하는 청년. 그녀의 유일한 손님이 된 그에게 사치에는 매일 따뜻한 커피 한 잔을 무료로 내어주며 친해지게 된다. 일본 문화에 관심이 많은 토미. 토미는 그녀에게 일본 애니메이션 〈갓차맨〉의 주제가 가사를 묻고, 도통 생각나지 않는 가사를 떠올리며 사치에는 핀란드의 이곳저곳을 거닌다. 그때, 우연히 미도리를 만난다.

세계 지도를 펼쳐놓고 어디로 떠날 것인지 결정했다는 미도리. 딱히 핀란드로 와야 했던 이유는 없었지만 떠나야만 하는 이유는 충분했던 그녀였다. 무작정 핀란드로 떠나온 미도리에게 자신과 함께 지낼 것을 권유한 사치에. 그녀는 미도리를 위해 저녁 식사를 준비하는데 메뉴는 모두 소박한 일본 가정식 메뉴다. 사치에는 "핀란드에 와서 이런 것을 드시게 해 죄송하다"라고 말하지만, 밥 한술을 입에 넣은 미도리가 이내 눈물을 흘린다. 눈물의 의미는 뭐였을까? 타향에서 맛본 고향 음식, 어쩌면 그리운 엄마의 집밥에 대한 기억이었을 수도 있고 혹은 누군가와 함께했던 소중한 추억의 순간이었을 수도 있다. 떠나야만 했던 이유가 많았을 그녀였지만 낯선 땅 핀란드에서도 역시나 외로웠던 미도리. 사치에의 따뜻한 식사 한 끼는 그녀를 말없이 위로했다.

수년간 부모님의 병수발을 하며 지낸 마사코는 어느 날 TV를 보다가 핀란드에 매료되었다. 정확히는 여유로운 핀란드 사람들의 삶이 궁금했다. 결국 핀란드행을 선택한 그녀. 무사히 도착했지만 항공사의 실수로 수화물을 잃어버렸다. 며칠 이내에 되찾을 줄 알았던 짐은 시간이 가도록 감감

무소식……. 그녀는 점점 자신이 무엇을 잃어버렸는지조차 잊는다. 오랜 시간 누군가를 위해서만 살아왔던 마사코. 그녀의 따스함은 누군가에게 큰 힘이 되었지만 스스로의 안녕은 돌보지 못했다. 그녀는 너무나 평온한 듯한 핀란드 사람들의 행복의 근원이 궁금했다. 그때, 카모메 식당의 단골손님 토미가 한마디 말을 보탠다. "숲 때문이에요."

그 즉시 숲을 찾아 떠난 마사코. 열심히 버섯을 따다가 문득 불어온 바람에 하늘을 올려다본다. 바람을 따라 나뭇잎이 일렁이고 새가 날아간다. 그러다 이따금 나무 사이로 환한 햇빛 줄기가 내리쬔다. 그 모습을 멍하니 바라보던 마사코가 무언가 깨닫는 듯한 표정을 짓는다. 자신이 무엇을 잃어가는지조차 잊고 살았던 마사코. 그녀에게 필요한 것은 하늘을 보고 숲을 느끼는 그런 여유가 아니었을까?

카모메 식당의 주인 사치에의 작은 위안은 오니기리였다. 어릴 적 엄마를 여읜 사치에를 위해 그녀의 아버지는 매년 한 번, 그녀의 운동회 날에 투박한 솜씨로 오니기리를 만들어주곤 했다. 친구들의 도시락처럼 화려하진 않았어도 그 맛을 잊을 수 없다는 사치에. 그녀에겐 투박하지만 아버지의 진심이 담겨 있던 그 소울 푸드, 오니기리가 그녀를 살게 하는 원천이었다. 소박하지만 정성이 가득한 음식을 즐길 때의 그 행복을 소중히 생각하는 그녀. 이제 그녀는 자신의 음식을 맛있게 먹는 카모메 식당의 손님들을 통해 위안 아닌 행복을 얻는다.

누구에게나 마음이 지치는 날이 있다. 어떤 엄청난 사고가 생겨서 방방 뛰고 머릿속은 헝클어지고 마음이 갈피를 못 잡고 뜨거워지는 그렇게 힘든 날 말고, 그저 그렇고 그런 날 말이다. 하지만 지친 마음에 이유가 없을 리 없다. 누군가에게 상처받은 마음일 수도, 혹은 스스로에게 낙담했을 마음. 한동안 스스로 삭이다 단단히 굳어진 마음이 어느 날 뻐근하게 지친 것처럼 느껴지는 날일 수도 있다. 〈카모메 식당〉에는 고마운 마음이 있고, 배려가 있고 따뜻한 위로가 있다. 마음이 지치는 순간 〈카모메 식당〉을 찾아보는 이유다.

영화의 주인공 세 사람은 어떤 아픔을 가진 인물인지는 자세히 모르지만 한 가지 분명한 것은 이제 그녀들은 각자의 공허함과 아픔을 극복하기 위해 도전하는 인물들이라는 것이다. 그 과정이 여느 액션 영화처럼 스펙터클하진 않아도 스스로 그 행복에 닿아간다는 점에서 내겐 큰 힘이 되는 영화다.

"하기 싫은 일을 하지 않을 뿐이에요."

〈카모메 식당〉에서 가장 좋아하는 대사다. 사치에처럼, 나도 순간을 믿으며 스스로에게 온전히 충실한 삶을 살고 싶다.

내가 바라는 슬로우 라이프란 삶의 속도를 식물이 자라고 움직이는 속도에 맞추는 일이다. 그렇게 해서 자연을 닮은, 자연스러운 삶으로 살아가는 것이다. 우리에게 필요한 것은 식물이 자라는 '속도'다. 마음은 슬로우 라이프를 소망하고 있고 느리게 살고 싶은데, 몸은 점점 더 빨라져야 하는 현실은 이상과 불일치다. 현실과 이상의 괴리를 어떻게 극복할 수 있을까? 영화 〈카모메 식당〉이 훌륭한 가이드가 되어줄 것이다.

창조적 습관을 만드는
영화적 생각법

'인스타그램(Instagram)은 사진과 동영상 기반의 모바일 SNS다. 인스타그램은 즉석에서 사진을 볼 수 있게 한 방식의 카메라인 '인스턴트(instant)'와 전보를 보낸다는 의미의 '텔레그램(telegram)'을 합쳐 만든 이름으로 사진을 손쉽게 다른 사람들에게 전송한다는 뜻을 가지고 있다. 인스타그램은 모바일 사진 공유 앱이면서 그 자체로 소셜 네트워크이기도 하다. 트위터와 같이 팔로워가 있고 단지 실시간 텍스트 업데이트가 아니라 사진 업데이트를 사용할 뿐이다. 이 앱을 사용하면 핸드폰으로 촬영한 사진에 토이 카메라 느낌이 나는 여러 필터를 적용할 수 있다. 인스타그램은 사진의 단점을 가려주고 더 매력적인 사진으로 만들어준다. 카메라를 장착한 휴대폰이 저렴해지고 보편화함에 따라 더욱더 쉽게 사진이나 동영상을 제작하고 공유할 수 있게 되었다. 간단함은 인스타그램의 가장 큰 매력 중 하나다. 인스타그램 덕분에 촬영하고 싶은 대상을 발견하거나 그 사진을 장식할 아이디어를 떠올릴 때 더 많은 생각을 하게 된다.

일상에서 반려동물과 함께하거나, 맛있는 음식을 먹고, 근사한 풍경을 감상하고, 길거리를 걸어가며 재미난 표지판이나 멋진 구조물을 보면 어떻게 촬영하고 앱에서 어떻게 필터 옵션을 적용할지 생각하게 된다. 글로 자기 생각을 전달하기가 어려울 때 사진을 이용하면 더 쉬운 경우가 있다. 트위터의 140자 글자 수 제한에 직면하는 경우, 페이스북에서 자신을 표현하면서 지나치게 남의 이목을 의식하는 데 피곤함을 느끼는 경우라면 더욱더 그렇다. 최근 월간 이용자 수 10억 명을 돌파했다는 인스타그램. 그렇다면 인스타그램 앱 사용자들은 어떤 면에서 그렇게 매력을 느끼는 것일까? 인스타그램이 전 세계적으로 인기가 있는 이유는 여러 가지가 있겠지만 '일상 속 아름다움 찾기', '평범함에서 아름다움 찾기'라고 생각한다.

일상에서 소소한 아름다움을 찾을 수 있으려면 복잡한 마음을 내려놓고 일상의 것을 그 자체로 아름답게 바라볼 수 있는 심미안이 필요하다. 사소한 일상에서 아름다움을 찾아내서 그것을 누리는 것이야말로 행복감을 얻는 데 필수적이다. 일상의 순간순간을 소중하게 여기면 그 순간의 우리 자신도 자동으로 소중하게 여겨질 수 있다.

존 카니 감독의 영화 〈비긴 어게인 Begin Again, 2014〉은 싱어송라이터인 '그레타'와 오랜 연인이자 음악적 파트너로 함께 노래를 만들고 불렀던 남자친구 '데이브', 스타 음반 프로듀서였지만 해고된 '댄', 세 사람이 다시 시작하는 이야기이다. 이 영화에서 내가 제일 좋아하는 장면이자, 일상에서 아름다움의 가치를 알아보고 깊이 음미하는 능력이 주는 행복감에 대한 신이 있다.

댄 난 이래서 음악이 좋아. 지극히 따분한 일상의 순간까지도 의미를 갖게 되잖아. 이런 평범함도 어느 순간 갑자기 아름답게 빛나는 진주처럼 변하거든. 그게 음악이야. 그런데 점점 나이가 들수록 이런 진주들이 잘 보이지 않게 됐어.
그레타 진주에 비해 꿰는 줄만 늘었다?

댄   진주까지 가는 줄이 점점 더 길어져. 그래도 이 순
     간은 진주야, 그레타. 지금까지의 시간들도 전부.

  평범하고 사소한 순간도 음악을 통해 의미를 갖고, 아름답게 빛날 수 있다는 것을 보여주었던 장면이다. 댄의 대사처럼 나이가 들수록 그 아름다움도 잃어가는 것 같지만 "그래도 이 순간이 진주야"라고 사소한 것들에서 행복을 느끼는 마음을 회복한다면, 인생에서 어려운 상황이 찾아와도 다시 시작할 수 있음을 이 장면에서 보여준다. 댄이 그레타의 노래와 연주에 여러 악기를 더해 더 완성도 있는 곡으로 만들어주었듯이 일상의 사건에 아름답게 의미 부여하는 시선으로 세상을 바라본다면 행복한 기억이 우리의 기억 속에 진주처럼 새겨질 수 있을 것이다.

아름다운 영화가 우리에게 선사하는 위로의 빛깔

　카카오뱅크를 시작한 지 얼마 되지 않아서 26주 적금이라는 것을 알게 되었다. 지인이 재미로 시작했다가 점점 금액이 커져서 좀 부담스럽기도 하지만 26주 후엔 그 돈으로 여행을 가겠다고 했다. 그 돈으로 여행을 간다고? 어떤 식으로 하는 건지 찾아보았다. 적금을 시작하는 금액을 입력하면 매주 증액이 돼서 얼마씩 납입해야 되는지 알 수 있고, 정해진 날짜에 출금이 되는데 26주 후 최종 수령액이 얼마인지 바로 확인된다. 당연한 거지만 이런 것들을 이제 은행에 직접 가서 하지 않고 심지어 은행보다 약간 높은 금리로 본인이 직접 정한 금액과 날짜로 만들 수 있다. 1주 차 3000원을 입력해 보니 2주 차 6000원, 3주 차 9000원, 4주 차 12000원……. 이렇게 금액이 커져서 26주 차 입금액은 78000원, 만기 예상 원금 1053000원이다. 26주면 6개월이 좀 넘는데 3천 원으로 시작해서 최종 수령액이 100만 원이 넘네. 없는 살림에 어떻게 될지 모르겠지만 도전! 카카오뱅크 어플로 간단하게 조작을 할 수 있다 보니 적금의 이름도 내가 붙일 수 있어 '엄마 용돈 100만 원'으로 붙여보았다.

   사랑하는 고레에다 히로카즈 감독 연출에 좋아하는 배우 오다기리 죠가 나오는 영화 〈진짜로 일어날지도 몰라 기적 奇跡, 2011〉을 보았다. 부모의 별거로 가고시마현과 후쿠오카현에서 서로 떨어져 살게 된 형 코이치와 동생 류노스케. 이 형제는 간절하게 소원이 이루어지는 기적을 바란다. 두 형제는 서로를 잊지 않기 위해 매일 통화를 한다. 형 코이치는 엄마와 외갓집에 살고, 동생 류노스케는 아빠와 산다. 언제나 천진난만하고 낙천적인 동생에 비해 형은 지금의 상황에 불만이 많고 해결하고 싶어 한다. 그래서 매일 기도를 한다. 외갓집 근처에 화산이 폭발하면 모두 아빠네 집으로 이사를 해야 하니까, 제발 화산이 폭발하게 해달라고. 형이 살고 있는 외갓집은 가고시마에 있는 사쿠라지마 화산 근처다. 고레에다 감독은 화산재가 날리는 장면을 실제로 찍어내기 위해 어렵게 화산 주변에서 촬영했단다. 화산 주변 마을을 촬영하던 당시 감독은 문득 신비로운 감정에 휩싸였다고 한다. 시도 때도 없이 화산이 분출하고 화산재가 날리는 마을에 사는 사람 중 누구도 그것을 꺼리지 않는다는 것이다. 믿기 힘든 이 상황을 인상 깊게 여긴 감독은 영화 속 형의 대사로 이를 표현했다.

"이해가 안 돼. 왜 다들 아무렇지 않지? 화산이 분화하는데."

어느 날 아이들은 신칸센 왕복 열차가 교차하는 순간에 맞춰서 기도하면 별똥별처럼 소원이 이루어진다는 말을 듣게 된다. 형과 동생 그리고 친구들은 소원이 이루어지는 기적을 위해 열차가 교차하는 지점을 찾아 구마모토현으로 떠난다.

아이들이 어른을 이해하게 되는 과정이 서글프다. 어린아이들의 눈에 현실을 들킨 것 같은 기분이 든다. 형제의 외할아버지는 '가루칸 떡'이라는 전통 음식을 만들어왔던 장인이다. 새로운 간식이 많아진 요즘 가루칸을 먹는 아이들은 거의 없다. 어린 손자가 맛을 보고는 아무 맛도 나지 않는다고 말한다. 그 어린 손자가 꾀병을 부려 학교 수업에 빠지고 외

박을 한다. 그리고 돌아와서는 말한다.

"할아버지가 준 떡, 동생이랑 나눠 먹었어."

할아버지는 동생이 맛을 어떻게 느꼈는지 궁금해 물었다. 그러자 어린 손자는 이렇게 말한다.

"걔는 어려서 맛을 몰라요."

형 코이치는 기적을 찾아가던 과정을 통해 한 뼘 자랐다. 가루칸에 대한 맛의 변화는 코이치에게 일어난 삶에 대한 인식의 변화라고 할 수 있다. 형은 가족이 모두 함께 살기를 원한다. 해결 방법은 화산이 폭발하는 것이라 생각한다. 기적을 찾기 위해 준비하던 중 친구가 질문한다. "화산이 폭발하면 우리는 다 죽으라고? 동생도 너랑 생각이 같아?" 가족이 모두 함께 사는 것이 꿈인 형은 화산 폭발로 마을의 상황이 어떻게 되든 중요치 않다. 그리고 동생도 같은 생각일 것으로 생각한다. 형은 아빠에게 지속해서 다시 합칠 생각이 없냐고 묻는다. 이때 아빠는 말한다.

"네가 자신의 개인적인 생활보다 더 큰 일에 관심을 가진 인간이 됐으면 해. 음악이라든가, 세계라든가."

동생 류노스케는 낙천적이다. 엄마와 아빠가 싸우는 게 싫어서 밥그릇을 들고 몸을 피해 밥을 먹는다. 이런 동생이 형 눈에는 철없어 보인다. 그런데 형과 엄마, 아빠의 이야기를 들어주는 사람은 동생뿐이다. 동생은 가족 구성원들 각자의 행복을 바란다. 엄마와 아빠가 서로 싫어하기 때문에 떨어져 사는 것이 더 좋다고 생각한다. 형이 바라는 기적은 너무 이기적이라고 말한다. 채소를 심어서 신경을 써야 한다는 동생에게 형은 "넌 가족보다 채소가 더 중요하니?"라고 나무란다. 형은 동생에게 "너는 아빠랑 똑같아"라고 말한다. 형의 기분을 상하게 했다고 느낀 동생은 기적을 위해 떠나는 형을 도우러 간다. 동생이 자신보다 가족을 더 생각하는 기분이 드는 것은 왜일까. 형과 함께 사는 엄마는 둘째 아들 류노스케가 보고 싶다. 한 번도 보고 싶다고 말하지 않는 아들에게 서운한 마음에 엄마는 이유를 묻는다. 그때 동생 류노스케는 이렇게 답한다.

"내가 아빠를 많이 닮아서……. 엄마가 나를 별로 안 좋아할 거라 생각해서."

형과 기적을 바라며 떠나오는 과정 동안 아이들은 작은 기적들을 경험했다. 꾀병을 부리는 아이들을 양호 선생님이 모른 척 눈감아줬고, 외할아버지는 아이들의 조퇴를 위해 학교에 찾아왔고, 경찰에게 인도되려던 순간에 아이들의 거짓말에도 한 노부부는 자신의 자식들처럼 받아줬다. 그러나 아이들을 도와준 어른 중 완벽한 어른은 없었다. 자식을 돌보지 않는 아빠, 술에 빠져 사는 엄마, 아버지가 없는 사람을 수업 시간에 공개적으로 손을 들게 하는 선생님, 꾀병을 많이 부려본 양호 선생님, 자식이 도망가 가족이 없는 노부부 등 불완전한 어른들뿐이다. 어른이 된다는 것은 완벽해지는 것이 아니라 불완전함을 인정하는 과정일지도 모른다.

아이들이 소원을 외치기 직전, 영화는 갑자기 정적과 함께 영화에 등장했던 일상의 사물들을 정지된 화면으로 보여준다. 바람, 손짓, 코스모스 씨, 동전 한 닢……. 결단력이 없어서 배우가 될 수 없다는 평가를 받는 소녀가 이 여행에 참여하기로 결단을 내린 순간, 이미 꿈에 한 발짝 다가설 수 있었던 것처럼, 영화는 이 마지막 장면을 통해 기적을 이루기 위해 뭔가를 해야겠다고 결심한 순간, 이미 기적은 이뤄진 것이며 더 나아가 매일매일 되풀이되는 일상이 어쩌면 기적의 연속일지도 모른다고 속삭이고 있는 것이다. 기적을 찾아가는 것이 아니라 기적이 없다고 깨닫고 돌아오면서 일상이 바로 기적임을 깨닫는 과정을 그렸다.

아직 불안전한 어른이 되고 싶지도 않은 내가 밤 열두 시가 다 되어 집에 들어와서 저녁을 못 먹었다고 하니 마침 집에 밥이 없는 걸(있어도 먹으면 안 되는 시각인데) 미안해하던 엄마는 냉장고를 뒤져서 급하게 만두를 찜통에 올리신다.

"엄마는 이 시각에 딸이 뭘 먹겠다고 해도 말리라니까 만두를 이렇게 많이 주면 어떡해."

우물우물 만두를 씹으며 감사의 마음을 그렇게 내뱉는다. 감사합니다! 한밤에 만두를 차려주실 수 있는 엄마의 건강에 감사합니다. 올봄 장미 축제에 못 가서 가을엔 단풍 구경

하러 꼭 가야 할 텐데, 그때까지 엄마의 무릎이 나아지게 해주세요! 못난 딸은 기도만 한다. 그저 살아간다는 것, 소중한 사람이 옆에 있다는 것이 누군가에게 기적일지도 모른다. 그저 살아가는 것이.

혼영의
미학

나이 많은 딸이 더 나이 많은 부모님과 살기란 쉽지 않다. 사십 년 이상을 살아오면서 오래된 생활 습관이 있고 나름의 취향이 있고 가치관이 있는데, 몇십 년 더 살아오신 부모님은 오죽할까? 엄마와 사소한 감정싸움을 하고 나서 바로 후회했는데 사과는 바로 하지 못했다. 날씨는 덥고 습도가 높은데 미세먼지도 매우 나쁨으로 외부 컨디션도 좋지 않다. 이럴 땐 기분 전환이나 할 겸 머리나 잘라야지, 충동적으로 결정하고 한 번도 안 가봤던 미용실에 예약했다. 나랑 궁합이 맞는 미용실일까? 약간 설레기도 하고 머리를 망치면 어쩌지? 두려움이 뒤섞인 두어 시간이 경과된 후 결과는 나쁘지 않았다. 1차 기분 전환은 성공.

그 낯선 미용실에서 1킬로쯤 걸으면 극장이 있다. 평소에 안 가던 극장에서 2차 기분 전환에 도전했고 혼자 볼 수 있는 영화로 골랐다. 〈토이 스토리 4 Toy Story 4, 2019〉. 몇 주 전에 친구와 보았는데 스크린에서 내려가기 전에 한 번 더 보고 싶었다. 영화를 한 번 더 볼 때, 처음에 볼 때는 미처 보지 못했던 디테일한 부분들을 보게 된다. 개비개비와 우디가 처음 만났을 때 우디의 등 뒤 태엽에 포커싱이 된다든지, 나쁜 인형 가게 주인이 화장실에서 나올 때 오물이 묻어 있다든지……. 한 번 더 보면 스토리를 알고 있어서 생기는 여유가 있고, 오히려 위험을 알고 있어서 더 두근대는 서스펜스가 있다.

〈토이 스토리〉 이번 편은 9년 만에 개봉했는데, 무려 25년간 이어진 픽사의 최장 시리즈물이다. 〈토이 스토리〉가 처음 개봉한 1995년 당시 〈토이 스토리 4〉의 조시 쿨리 감독은 10대였다고 하는데, 나는 성인이 된 지 얼마 되지 않았었다. 삼풍백화점이 무너져 502명이 사망했던 1995년. 세월은 그렇게 흘렀고 나도 그때의 두 배의 나이가 되었으니 〈토이 스토리〉 캐릭터에도 엄청난 변화가 생겼다.

〈토이 스토리〉의 장난감들은 주인에게 충성을 바친다. 주인의 행복이 곧 그들의 행복이다. 주인에게 행복을 주는 것이 장난감의 숙명이라고 생각한다. 그러나 〈토이 스토리 4〉는 장난감의 숙명에 질문을 던진다. 주인에게 외면받는 장난감, 버려져 주인을 잃은 장난감은 어디로 가야 하는가? 이러한 의문에 이 영화는 아이들이 장난감을 선택하는 것이 아니라 장난감이 스스로의 삶과 주인을 선택할 수 있다는 점을 해답으로 제시한다. 그 해답의 중심에 있는 보핍. 이 영화는 보핍이 주인공이라고 해도 과언이 아니다. 전편에서의 보핍과 비교했을 때 이렇게 큰 변화가 있을 거라곤 상상도 못 했다. 보핍은 꽉 끼는 코르셋 위에 봉긋한 드레스를 입고 깨지기 쉬워서 움직임이 적은 그저 예쁜 도자기 인형이었다. 주인이 더 이상 필요 없어서 다른 아이에게 주었던 인형.

  전편에서의 보핍은 모두 잊으라는 듯 정말 멋진 전사와 같은 보핍으로 돌아왔다. 마법 같은 지팡이를 마구 휘두르며 방해물을 척척 해결하고, 부러진 팔은 별일 아니라는 듯이 테이프로 칭칭 감고, 스컹크를 타고 다니며 사람들이 알아서 피하도록 스스로를 돌보는 강인한 모습을 보여준다. 이렇게 자신을 먼저 돌보고 자신의 소중한 양 세 마리와 기글을 지켜낸다. 너무 익숙해서 처음부터 그런 듯 보였지만 보핍의 탈코르셋은 정말 멋지다! 주인이 없냐는 우디의 물음에 경쾌하게 대답한다.

"주인이 꼭 필요해?"

그녀는 소유되지 않기를 선택하고 자신의 존재를 오로지 스스로를 통해 채워 나가려 한다. 넓은 세상을 마음껏 보고 모든 걸 누리고 싶은 자신의 마음속 이야기에 귀를 기울인 것이다. 나를 소유하는 누군가가 필요하지 않다는 것이 핵심. 보핍은 주위에 사랑을 나누고 자신의 삶을 즐기는 법을 찾았다.

이와 반대로 장난감의 사명을 다하겠다는 우디는 보니를 위해 포키를 구하러 골동품 가게에 들어가 단 한 번이라도 행복해지고 싶다는 개비개비에게 소리주머니마저 양보한다. 우디는 책임감이 강하고 오지랖이 넓다 못해 친구들을 위험에 빠트려 무모해 보이기까지 한다. 그러던 우디가 자신의 쓸모를 주인에게 인정받기 위해 스스로의 감정을 돌보지 않았던 과거에서 벗어나 내면의 소리를 듣게 된다.

> "지금 이대로의 내 모습으로 살아라. 포기하면 네 안의
> 음성이 계속 널 괴롭힐 거야."

우디가 친구들과 주인 보니에게 간다면 다시 만난 사랑하는 보핍과 헤어져야 하고, 그 반대의 결정을 한다고 해도 누군가와는 이별할 수밖에 없는 상황이 되었다. 결국, 우디가 의지하던 버즈의 "걱정 마. 보니는 괜찮을 거야"라는 말에 용기를 내어 그가 내린 결정은 정말 말할 수 없는 감동으로 다가왔다. 자신의 삶을 위해 우디는 주인과 친구들을 떠났다. 떠나는 우디도, 놓아주는 친구들도 대견하고, 진작 그런 결정을 내렸어야 했고 올바른 선택이었지만 아쉬운 건 어쩔 수 없다. 나는 우디가 떠날 것을 짐작했지만 한편으로는 떠나지 않았으면 하는 마음도 있었다. 우디가 떠나버린다면 정말로 토이 스토리가 끝나버릴 것 같았다.

> "자기 삶을 찾은 거지, 무한한 공간 저 너머로."

버즈와 우디의 말이 계속 귓가에 맴돌았다. 엔딩 크레딧이 올라가고 짧고 귀여운 다섯 개의 쿠키 영상들까지 보고 나서도 쉽게 자리에서 일어나지 못했다. 우디는 무한한 공간 너머로 갔다. 어른이 된 나와 나의 유년 시절도 함께.

늦은 시각에 집에 돌아왔는데 내 방문 앞에 쑥떡이 놓여 있다. 웬 떡이지? 아~ 며칠 전에 엄마가 냉동실에 얼려둔 쑥으로 무엇을 할까 고민하시기에 나는 쑥떡이 먹고 싶다고 했었는데 그걸 잊지 않으시고 내가 외출했던 사이에 쑥떡을 만드셔서 내 방문 앞에 놓아두신 거였다. 엄마는 항상 이런 식이다. 나는 사소한 일로 화를 냈었고 아직 사과도 하지 못했는데……. 주도적으로 살아가는 장난감 보핍에게 더 이상 주인이 필요 없는 것처럼 나도 더 이상 부모님의 보호가 필요하지 않은 나이다. 내가 부모님을 모시는 것이 아니라 부모님에게 얹혀사는 꼴인데 아직도 혼자 해결하지 못하는 것들이 많아서 부모님의 도움을 받는 현실. 혼자 영화를 보고 나서 좀 더 깊이 생각해보게 되었다. 내가 지금 당장 우디처럼 자기 삶을 찾아서 독립하지 못할 거라면, 나와 함께 늙어가는 부모님 그 자체를 받아들이고 이해해드려야겠다 생각했다.

나에게 좋은 영화란 한 번 더 보고 싶은 영화다. 두 번 본다면 세 번도 볼 수 있고 평생도 볼 수 있다. 혼자 오롯이 나의 감정에만 집중해서 한 번을 더 볼 수 있고 그래서 평생 그 감정을 함께할 수 있는 영화다. 영화를 혼자 볼 때만 느낄 수 있는 혼영의 미학이다.

일, 사랑, 인간관계를
아름답게 바꾸는 영화

아침에 일어나서 커피 메이커에 손을 얹으면 오늘 나의 컨디션에 맞는 커피를 골라 커피에 들어갈 최적의 카페인 함량까지 계산해서 자동으로 커피가 추출된다. 설탕도 얼마나 들어가야 하는지 측정이 된다. 아침 식사를 준비하면서 다 쓴 재료의 포장지를 쓰레기통에 버리면 쓰레기통이 자동으로 정보를 스캔해서 해당 제품을 우리 집으로 당일 주문한다. 식사를 마치고 약통을 열어 하루치 영양제를 꺼내 먹는다. 약통은 정해진 시간에 나에게 빛을 발산해서 복용 시간을 알려주는데, 내가 반응이 없으면 음악이 흘러나오고 그래도 약을 먹지 않으면 휴대폰으로 문자메시지를 보낸다. 영양제를 챙겨 먹고 콘택트렌즈를 착용하는데 나의 홍채를 통해서 그날의 혈당과 혈압이 측정되고, 착용과 동시에 주변의 사물에 대한 많은 정보를 3D로 보여준다. 이제 오늘 입고 나갈 옷을 고른다. 드레스 룸에 있는 거울은 내가 옷을 입은 모습을 저장해서 다른 옷을 입어볼 때 서로 비교해볼 수 있게 해준다. 아침에 여러 가지 옷을 입어보는 시간이 훨씬 단축된다. 옷을 골라 입고 현관에 서면 스마트 우산이 자동으로 날씨를 예측한다. 비가 올 것으로 예상되면 손잡이 부분에서 불빛이 반짝여서 내가 우산을 잊지 않고 가져가도록 도와준다.

위에 서술한 일상은 먼 미래 사회의 이야기가 아니다. 이미 개발이 완료되었거나 현재 개발 중인 '사물 인터넷(센서로 인간의 오감 정보와 외부 정보를 습득해 인간과 상호작용하는 사물)'을 활용한 매혹적인 사물에 관한 이야기이다. 구글이 선정한 최고의 미래학자이자 미래학의 아버지로 불리는 토마스 프레이는 이렇게 말했다. "2030년 대부분의 사람들은 스스로 만든 3D 프린팅 의류를 입고, 3D 프린팅으로 만든 주택에 살면서 드론으로 택배를 받고, 한 대 이상의 로봇을 소유할 것이며 회사에 출근하지 않고 프리랜서로 유연하게 일하고, 무인 자동차를 이용하는 일도 많을 것이다. 오늘날보다 3배 정도 교육 수준이 향상되고, 성취 능력도 10배 증대될 것이다."

테오도르라는 한 남자가 있다. 손편지를 대신 써주는 낭만적인 일을 하고 있지만, 그 일조차 컴퓨터를 통해 이루어진다. 퇴근길이면 휴대폰이 자동으로 읽어주는 이메일을 확인한다. 집에 도착하면 거실 가득 화면을 채운 3D 게임을 한다. 인터넷이 찾아준 여인과 일상을 나누고 사랑을 속삭이며 잠을 청한다. 영화 〈그녀 Her, 2013〉의 이야기다. 생각해보면 그다지 머지않은 미래를 다루고 있다. 인공지능이 사회 전반에 사용되고 있는 시대, 우리가 한시도 손에서 내려놓을 수 없는 스마트폰에도 인공지능이 존재한다. 영화에 나오는 사만다만큼 뛰어난 인공지능의 상대가 존재하지 않으리란 법은 없다. 얼핏 생각해보면 슬픈 일이지만, 다른 한편으로는 이상적인 미래가 아닐까? 어느 누구도 외롭지 않으며, 홀로 살아가지 않아도 된다. 시간 소모 없고 감정의 낭비도 없이 상대마다 원하는 대로 맞춰서 사랑할 수 있다면 그 누구도 상처받을 일이 없지 않을까?

주인공 테오도르는 우연한 계기로 인공지능 소프트웨어 사만다와 마주하게 되지만, 사만다를 부정한다. 스스로 미쳤다고 생각하고, 소프트웨어를 사랑하게 된다는 사실 자체를 회피한다. 전 아내를 잊지 못한 그리움에서 생기는 마음이었을 수도 있고, 인공적인 것에 대한 근본적인 거부감이었을 수도 있다. 그는 타인에게 그 감정을 인정하게 되는 순간 사랑이라 이야기하지만, 소프트웨어가 가진 한계를 체감한 주인공은 때론 분개하기도 한다. 이야기의 흐름은 단순하지만, 주인공의 내면에서 나오는 상실감과 감정들은 무엇보다 복잡하게 느껴진다. 특히나 후반부 주인공과 전 아내의 만남에서 둘의 대화는 영화 속 인물과 더불어 관객들까지 감정의 끝으로 치닫게 만든다.

사랑의 본질은 무엇일까? 사람을 만나서 직접 감정을 교류하고 서로의 살결을 비벼야만 사랑이라고 정의할 수 있는 걸까? 아니면 서로 인격적이고 정서적인 교감이 이루어질 수 있어도 사랑이라고 부를 수 있는 걸까? 이 영화에서 여러 가지 방향으로 이 갈등에 대해서 보여준다. 주인공과 이혼한 아내의 대화에서, 주인공과 가장 친한 친구에게서, 주인공과 인공지능 사만다 사이에서. 이 작품에서 끝까지 몰입할 수 있었던 가장 큰 요소는 수많은 사랑의 형태와 반응을 제시하기 때문이다. 누군가는 사만다의 존재 자체를 부정하고 혐오

하며, 누군가는 주인공의 선택을 존중한다. 이해의 과정에서 주인공과 비슷한 사랑을 띠는 인물도 보인다. 이러한 것들이 어우러져 관객에게 깊은 공감대와 세계관을 형성하게 해준다.

이 영화가 말하고자 하는 것은 미래기술에 대한 전망이나 청사진이 아니다. 첨단기술로 인해 멀어지는 '관계'와 '소통'이다. 마지막 장면이 인상 깊다. 또다시 사랑이 끝나 상처받고 깊은 생각에 빠진 테오도르. 그는 전 아내에게 메시지를 보낸다. "나의 일부분은 너로 이루어져 있어. 고맙다." 결국 사랑은 오롯이 나의 성숙을 위한 것일지 모른다. 관계에서 발견한 나의 모습, 한계, 상처들을 모두 나의 것으로 흡수하는 것. '우리'의 추억이 언젠가 '나'의 역사가 될 때, 우리는 또다시 사랑을 찾아 떠날 수 있을 것이다.

부정의 나를 긍정의 나로 바꾸는 영화의 힘

"왜 나는 콩나물 50원어치의 분량에 대해서 구멍가게 주인과 싸우고 분개하지만, 수천 명을 죽인 독재자에 대해서, 수십억을 횡령한 기업인에 대해서 분개하지 않는가."

- 박완서 《나는 왜 작은 일에만 분개하는가》[05]

좋아했던 작가의 오래전에 쓰인 글인데 살면서 종종 생각나는 문장이다. 작은 일에 순간적으로 욱하거나 바르르 떠는 나의 일상에서 반성되는 문장이기도 하다. 나의 별명은 어릴 때부터 몇 가지가 있는데 오래된 것 중엔 '욱여사' 최근에 붙여진 건 '다열질(多熱質)'이 있다. 단어에서 느껴지는 그대로다. 가끔 감정이 욱한다고 해서 욱여사, 몸에 열이 많고 정의롭지

---

05 박완서, 나는 왜 작은 일에만 분개하는가, 문학동네, 2015.

못한 상황에서 잘 흥분하고 얼굴이 벌게져서 다열질(多熱質)이라고 붙여졌다. 나는 착하게 살고 싶은데, 조용히 살고 싶은데, 세상이 나를 가만두지 않는 거라고 소심하게 항변해본다.

해마다 연초에는 새로운 마음으로 결연한 의지와 함께 목표로 세우는 것들이 있다. 작년에는 '내가 평소에 못 하던 것들을 배우는 것에 도전해보자!'였다. 손재주가 없는 편인데 손으로 할 수 있는 다양한 것들을 배우기 시작했다. 제과제빵 기능사 과정에서 제과, 커피 핸드 드립, 프랑스 자수, 은반지 만들기 등등 그중에서 몇 가지는 지인과 함께 배우고 몇 가지는 혼자 배우게 되었는데, 제과 학원에서 '다열질(多熱質)' 성향이 내 안에서 꺼내질 일이 있었다. 강남에 있는 요리학원은 지어진 지 얼마 안 된 최신 시설에 유명 연예인이 이사로 소속되어 있다고 상담할 때부터 강조했다. 그가 학원에 나와서 수업하진 않겠지만 유명인을 앞세워 홍보하는 곳은 어느 정도 믿음이 가기도 한다. 그 사람 얼굴이 있는데 사기를 치기야 하겠어? 결론은, 친다.

제과 수업이 진행될수록 지인과 나는 서로의 선택이 최선

이길 바라는 마음에서 불만을 드러내지 않았다. 그런데 수업이 진행되면 될수록 도저히 참을 수 없을 만큼 불만이 커졌다. 국비를 지원받을 수 있는 주변 학원과 비교하면 학원비가 월등히 비쌌는데 그만큼 1:1 지도로 꼼꼼히 진행한다더니 아니었고, 정해진 수업 시간을 충실히 이행하지도 않았으며, 4회 수업을 하는 동안 강사가 세 번 바뀌었고, 어떨 땐 수업 시간 내내 밀가루 반죽 한 번 만져보지도 못하고 끝나는 날도 있었다. 이대로는 안 될 것 같아서 학원 멘토와 상담 약속을 했는데 그마저도 지켜지지 않았다. 멘토 대신 나온 상담사에게 그동안 수업에서 느낀 몇 가지 불만들을 이야기해보았다. 그 상담에서 나의 불만들이 해결된다면 그날 다시 수업에 참여하려고 했는데 우리의 말에 조목조목 반박만 할 뿐 앞으로의 대책이나 사과는커녕 '그래서 어쩌라는 거냐'는 식으로 나왔다. 처음부터 우리가 원한 건 나머지 학원비 환불이 아니었는데 그들의 예상 밖 태도에 결국 환불을 요구했다. 그랬더니 들고나온 계약서에 깨알 같은 글씨를 보여주며 학원법에 따라 나머지 금액 전액을 환불해줄 수 없단다. 그런 계약서의 약관은 왜 그렇게 작은 글씨로 형식적으로 기재하는 거며, 그런 약관까지 읽어보는 사람이 과연 몇이나 될까? 학원 로비에서 소리쳐봤자 해결이 되지 않을 것 같아서 나도 방법을 알아보겠다며 나왔다.

 우리가 흔히 엉뚱한 행동을 하는 사람을 보면 "도대체 저 사람 머릿속엔 뭐가 들어서 저럴까?"라고 하는데, 영화 〈인사이드 아웃 Inside Out, 2015〉은 그러한 생각을 그대로 스크린에 옮겨놓은 작품이다. 신경과학자들에 따르면, 인간은 6개의 기본 감정이 다양하게 섞이면서 20개 이상의 복잡한 감정을 만들어낸다. 이 영화는 그중 '기쁨', '슬픔', '버럭', '까칠', '소심'의 감정을 의인화해서 이들이 뇌 속에서 인간의 사고와 행동을 조종한다는 설정에서 출발한다.

 사춘기 반항이 시작된 11살 소녀 라일리는 정든 고향 미네소타를 떠나 낯선 샌프란시스코로 이사를 한다. 친구들과 떨어져 새로운 환경에 적응해야 하는 상황이 되자, 라일리의 '감정 컨트롤 본부'는 혼란을 겪는다. '기쁨'과 '슬픔'은 실수로 본부를 떠나 길을 잃게 되고 '버럭', '까칠', '소심' 세 감정만이 라일리의 마음을 조종하게 된다. '슬픔'과 '기쁨'이 우여곡절 끝에 라일리의 머릿속으로 돌아오는 여정을 담은 이 영화는 사춘기를 '기쁨과 슬픔이 잠시 집을 나간, 그래서 제정신이 아닌 상태'로 묘사한다.

재밌는 것은 이 다섯 가지의 감정 중 리더가 있으며 사람마다 리더를 맡고 있는 감정이 다르다는 것이다. 주인공인 소녀의 경우는 기쁨이 주인공이지만, 소녀의 아버지가 등장할 때 그의 뇌를 보면 분노가 리더 역할을 하고 있는 것을 알 수 있다. 소녀의 경우 리더인 기쁨이 사라지자 분노가 리더 역할을 대신하게 되는데, 그때 가출을 하게 된다. 기쁨이 돌아오고 난 뒤에야 소녀는 다시 집으로 돌아온다. 반면에 소녀의 아버지는 항상 분노가 리더 역할을 해서인지, 영화 내내 화를 내는 모습을 보인다. 전화할 때도 화를 내고, 식탁에서 딸이 투정 부린다고 또 화를 낸다.

나는 제과 학원에서 큰소리를 치고 나왔지만 그 이후에 과연 어떻게 해야 하는지, 정말 남은 학원비를 모두 돌려받을 수 없고 저들만의 계산법으로 이상한 금액을 받아야 하는 건지 사실은 걱정이 앞섰다. 그때부터 공부하기 시작했다. 실제 학원법 법령을 찾아보고, 나와 같은 사례가 있는지 검색해보고, 다른 학원에 직접 전화해서 어떻게 수업이 진행되는지 꼼꼼히 질문했다. 그리고 국민신문고를 두드렸다. 유명인을 앞세운 허위 광고와 실제 수업의 차이에 대한 증거를 제출했다. 시간과 노력이 필요했지만, 결과는 나의 편을 들어주었다. 한 달 만에 학원비를 돌려받고 기뻐질 줄 알았는데 마음이 씁쓸했다. 나와 지인이 고가의 학원비를 과감히 지불했던 건 좋은 시설에서 성실한 강사에게 꼼꼼히 배울 수 있는 환경을 원했던 건데, 결국 이렇게 힘들게 환불을 받게 되다니. 다시 다른 학원을 알아보고 등록해야 한다니…….

영화 〈인사이드 아웃〉에서 가장 주목할 만한 대목은 '슬픔'이 우리에게 주는 삶의 통찰이다. 영화 초반부에는 '기쁨'의 비중이 크지만, 후반부로 갈수록 '슬픔'이 중요한 역할을 한다. 피트 닥터 감독이 슬픔을 가장 매력적인 감정으로 주목한 건 깊은 통찰이면서 동시에 '신의 한 수'였다. 기본 감정 중에서 슬픔은 실체가 불분명한, 가장 오묘한 존재다. 두려움이나 놀람, 역겨움은 우리로 하여금 위험을 감지하게 하고 그것을 피할 수 있게 도와준다. 기쁨은 삶의 추진력을 제공하며, 분노는 위험에 맞서 싸우는 용기와 에너지를 만들어낸다. 그런데 슬픔은 왜 필요한지 아직 마땅한 이론이 없다. 그동안 심리학자들은 슬픔이 부정적인 상황에서 일을 빨리 포기하게 만들어 시간 낭비를 예방하는 순기능이 있다고 주장하거나, 타인에게 동정심을 유발해 보호 기제로 작동해왔다고 설명했다. 실제로 깊은 슬픔에 빠진 사람이나 우울증에 시달리는 사람을 공동체에서 배려한 흔적은 수천 년의 기록을 가지고 있다.

이 작품은 슬픔에 대한 새로운 가설을 결말을 통해 보여준다. 새로운 가설에 따르면, 슬픔은 타인의 도움이 지금 절실히 필요하다는 사실을 알리는 구조 신호라는 것이다. 부정적인 상황에서 눈물을 흘리며 슬픈 감정을 표현하면, 가족과 친구가 다가와 내 슬픔을 공감해주는 것이 나를 새롭게 딛고 일어설 수 있게 해준다는 것이다. 나를 위해 친구가 흘려준 눈물이 삶의 의지가 되어본 경험이 있다면 슬픔이야말로 공감과 연대의 신호라는 사실을 누구보다 잘 알 것이다.

행복에 이르기 위해서는 기쁜 기억들만 가득해야 한다고 생각하는 '기쁨'은 '슬픔'과 함께하면서 행복은 결코 '기쁨'이

가득해야만 나오는 게 아니라는 걸 깨닫는다. 열한 살까지는 한 감정에 의존해도 행복을 유지할 수 있었지만 라일리가 성장하고 새로운 환경에 맞닥뜨리면서 그럴 수 없는 상황이 벌어지게 되고, 그렇게 시작한 여정 중에 골칫거리로 여겼던 '슬픔'이 문제를 해소하는 과정을 겪으면서 '슬픔'이 동반된 '기쁨'이라는 감정의 존재를 인지하게 되고, 그렇게 감정의 스펙트럼이 넓어지면서 자연스레 라일리 또한 성장한다.

영화를 보는 내내 나의 어린 시절을 떠올렸다. 그렇게 어렸던 내가 도대체 어떤 과정을 통해 지금의 내가 되었는지 생각했다. 그리고 어린 내가 어떤 생각들을 했을지 어떤 상처들을 받았을지 또 어떤 기쁨들을 느꼈을지 스스로를 어루만져주고 싶었다. 이제는 '버럭', '까칠', '소심'은 좀 넣어두고 '기쁨'과 '슬픔'만 적당히 버무려서 종종 밖으로 나왔으면 좋겠다.

점점 빨라지는 디지털 시대 우리에게 영화가 필요하다

늦잠을 자서 서둘러 집을 나온 회사원 K씨. 헐레벌떡 뛰어서 지하철을 겨우 탔다. 한숨 돌리자마자 아차 싶은 K씨. 스마트폰을 집에 두고 나왔다. 이제 와서 집으로 돌아갈 수도 없고 하루 동안 스마트폰 없이 산다고 큰 문제는 없겠지 싶었다. 그러나 5분도 안 되어 초조해지기 시작했다. 카카오톡에 메시지가 와 있지 않을까, 동료에게 전화가 왔으면 어쩌나, 인스타그램이나 페이스북에 무슨 글이 올라와 있지 않을까……. 회사로 가는 내내 불안하고 걱정이 되었다. 그날 K씨는 회사에서 도통 업무에 집중할 수가 없었다. K씨는 "매일 만지는 스마트폰이 없으니까 괜히 불안하고 초조했다. 스마트폰 의존성이 이렇게 심각한지 몰랐다"고 했다. K씨처럼 스마트폰을 놓고 와서 하루 종일 불안했던 경험, 누구나 한 번쯤은 있을 것이다. 밤에 자기 전에 침대에서 스마트폰을 보다가 이마에 떨어뜨리고 그러다 잠이 들고, 보고 싶던 친구와 만나서도 계속 스마트폰을 들여다본다. 심지어 횡단보도로 길을 건너면서도 스마트폰을 눈에서 떼지 못한다. 바로 우리들의 모습이다.

스마트폰이 우리의 일상을 잠식해가고 있다. 과거에 인터넷 게임 중독과 같이 심각한 사회적 문제로까지 대두되고 있지는 않지만 스마트폰을 지나치게 의존하는 것에 대해 우려하는 목소리는 갈수록 높아지고 있다. 스마트폰의 등장 이후 인간의 삶은 급격한 변화를 겪어왔다. 무려 10여 년간 구글 최고경영자를 역임한 에릭 슈미트 전 회장은 "이제 더 이상 모바일 퍼스트(mobile first)가 아니고, 향후 인터넷은 오직 모바일을 통해서만 사용하게 될 것이다"라며 '모바일 온리(mobile only)'를 역설했다. 스마트폰이 세상에 나오면서 일상은 편리해지고 업무는 간편해졌지만, 그에 따른 부작용을 우려하는 목소리도 심심치 않게 나온다.

또 스마트폰에 대한 높은 의존도는 기억력 감퇴, 창의력 후퇴, 스마트폰 블루라이트, 디지털 격리 증후군, 강력한 자극에만 뇌가 반응하는 팝콘브레인(popcorn brain), 거북목 증후군, 스트레스 증후군 등 다양한 형태의 정신적·신체적 장애를 초래하고 있는 것으로 알려져 있다. 다른 중독 현상과 달리 스마트폰 중독은 성별·나이·직업적 특수성과 상관없이 광범위하게 진행되고 있다.

최근 미국 등 일부 선진국을 중심으로 '자녀에게 스마트폰을 제공하지 않겠다'라는 내용의 서약서가 엘리트층 부모들 사이에 확산되고 있다는 소식이 전해지기도 했다. 〈뉴욕타임스〉가 미국 첨단기술의 심장부인 실리콘밸리의 탈디지털 교육 바람을 소개해 주목을 받았는데, 해당 학교의 학부모 대부분이 실리콘밸리 종사자라는 점에서 의아하다는 반응과 함께, 디지털 중독에 대한 경각심을 일깨우는 또 하나의 사례로 주목받기도 했다. 이들 학교에서는 스마트폰은 물론 개인용 컴퓨터(PC)마저도 완전히 배제하는 '디지털 제로' 교육을 실천하고 있는데, 특히 눈길을 끄는 부분은 이 같은 교육 방식이 미국 부유층을 중심으로 확산되고 있다는 점이다. 부모의 소득 격차가 자녀의 교육 환경에도 영향을 미치고 있는 셈이다. 이는 스마트폰의 폐해가 그만큼 심각할 수 있다는 방증이기도 하다.

　최근에는 모든 것을 디지털 기기에 의존하다 보니 기억력이나 계산능력 등 전반적인 인지능력이 떨어지는 상태를 일컫는 '디지털 치매' 현상이 사회문제로 떠오르고 있다. 무엇인가를 찾고, 기록하고, 확인하는 과정들이 모두 스마트폰으로 이뤄지고 있기 때문일 것이다. 외우고 있는 전화번호가 거의 없고, 모르는 것이 있을 때는 포털 사이트의 검색창부터 열며, 간단한 계산조차도 디지털 기기를 이용하는 모습을 남의 이야기라고 생각할 수 있는 사람이 얼마나 될까?

　《디지털 미니멀리즘》의 저자, 칼 뉴포트는 "많은 사람들이 '스마트폰 중독 탓에 직장 밖에서 시간을 보낼 때조차 의미 있는 시간과 만족을 얻기 힘들다'고 토로한다"라고 소개했다. 뉴포트는 "스마트폰 출시 이후 과거 10년간 급격히 진전된 신기술은 우리 삶의 핵심을 식민지화했다는 사실을 깨닫게 한다"라며 "우리는 현재 우리가 갇혀 있는 디지털 세계를 원한 적이 없으며 엉겁결에 그 세계로 빠졌고, 더 정확히 말하면 디지털 기기 회사와 자본주의 경제의 대기업들에 떠밀렸다"라고 주장했다. 모바일 게임과 함께 스마트폰 의존을 유도하는 소셜네트워크서비스(SNS)를 둘러싼 논란 역시 지속돼왔다. SNS의 대표적인 폐해로는 '멀리 있는 지인들과 소통은 잘하지만 정작 주위의 사람들에게는 소홀하게 된다'는 점을 들었다. 또 SNS 지인들의 화려한 일상을 자주 접하다 보면 자괴감에 빠지기 쉬우며, 특히 10대들의 경우 사회적 배제를 초래할 정도로 잔인한 계기를 제공하기도 한다고 강조했다.

구글 전 회장 에릭 슈미트도 디지털 디톡스의 필요성을 강조했다. 보스턴대 졸업식 축사를 통해 "인생은 모니터 속에서 이뤄질 수 없다"라면서 "하루 한 시간만이라도 휴대폰과 컴퓨터를 끄고 사랑하는 이의 눈을 보며 대화하라"라고 강조했다. 이 기사를 스마트폰으로 읽으며 나는 사랑하는 이의 눈을 바라보며 대화하는 장면들이 나왔던 수많은 영화가 머릿속을 스쳐 갔다. 그중에서도 정말 좋아하는 영화의 한 장면이 있다. 영화 〈비포 선라이즈 Before Sunrise, 1995〉에서 주인공 셀린과 제시의 대화이다. 여행 중 기차에서 처음 만나 서로 좋아하는 감정을 느끼는 두 주인공이 친구에게 전화하는 역할 놀이를 하며 속마음을 솔직하게 드러낸다. 하루 동안 시간이 지나면 지날수록 상대가 좋아지는 과정을 낭만적으로 표현하는 장면이다.

셀린 이제 파리에 전화할 거야. 8시간 후에 같이 점심 먹기로 되어 있는 내 단짝 친구한테 말이야. 알겠어? 받아.

제시 뭐?

셀린 전화 받으라고.

제시 여보세요?

셀린 오늘 점심 약속 못 지킬 것 같아, 미안해. 기차에서 만난 남자랑 비엔나에서 내렸거든. 아직도 비엔나야. 그냥 여행 중인 미국 남자인데 내일 아침에 미국으로 간대.

제시 왜 같이 내렸어?

셀린 사실은 나도 같이 내리고 싶었어. 그 전에 짧게 대화를 나눴는데 너무 멋있어서 내 마음을 뺏겼거든. 얼마나 귀여운지 몰라. 아름답게 빛나는 파란 눈에 기름기 흐르는 머리. 시간이 지날수록 걔가 점점 더 좋아져. 그런데 걔가 날 무서워할까 걱정이야.

제시 걘 널 무서워하지 않을 거야. 아마 널 무척 좋아할걸.
셀린 정말?
제시 난 널 오래 알아왔잖아.

  이 영화가 지금 개봉되었다면 과연 관객들의 반응은 어땠을까? 작품 속 주인공들의 로맨스가, 그 감정이 고스란히 전해졌을까? 이런 낭만이 있던 시절로 돌아가고 싶다는 생각을 종종 한다. 스마트 디톡스, 더 나아가 디지털 디톡스를 하자고 주장하는 이들은 일상생활에서 쉽게 할 수 있는 5계명을 제안한다. 침대로 스마트폰을 가져가지 않기, 이메일 계정 로그아웃하기, SNS와 모바일 메신저 알림 기능 끄기, 디지털 기기 대신 종이책 보기, 온라인 접속 시간 측정하기가 그것이다. 디지털 중독을 치유하기 위한 디지털 디톡스가 디지털을 매개로 전개되고 있다는 사실이 아이러니다. 하지만 그만큼 디지털 중독이 심각하다는 뜻이기도 하다. 하루만이라도 디지털 디톡스를 실천해보면 어떨까? 사랑하는 사람들과 더 많은 대화의 시간을 가질 수 있는 소중한 처방이다.

3장

진정한 나를 마주하기 위한
영화 사용법

라라랜드 · La La Land
2016

먹고 기도하고 사랑하라 · Eat Pray Love
2010

악마는 프라다를 입는다 · The Devil Wears Prada
2006

블루 재스민 · Blue Jasmine
2013

월터의 상상은 현실이 된다 · The Secret Life of Walter Mitty
2013

놀고 일하고 사랑하고
영화를 보라

영화를 좋아하다 보니 전 세계 다양한 영화들을 모아놓고 상영하는 영화 축제, 영화제도 좋아하게 되었다. 우리나라에도 다양한 영화제들이 있다. 15년 이상을 다녔던 부산국제영화제부터 부천국제판타스틱영화제, 전주국제영화제, 제천국제음악영화제, 서울국제여성영화제, 서울환경영화제, 서울독립영화제, 미쟝센단편영화제, 인디포럼, 정동진독립영화제, 아시아나국제단편영화제, 이제는 사라진 서울충무로국제영화제, 시네마디지털서울영화제……. 전국의 크고 작은 영화제들을 정말 많이 찾아다니며 즐겼다. 시간표만 잘 짜면 하루에 네 편에서 다섯 편까지 볼 수 있고 저녁에는 영화인 파티에 참여할 수도 있다. 시네마 파라다이스, 영화 천국의 실현이다.

그동안 내가 즐기던 영화제를 관객이 아니라 스태프로 참여한 적이 있다. 장애인영화제 기술 스태프로 일하게 된 것이다. 장애인들이 어떤 방식으로 영화를 접할 수 있는지 비장애인들은 한 번이라도 생각해본 적이 있을까? 비장애인들은 가까이에 있는 아무 극장이나 선택해서 보고 싶은 영화를 내가 원하는 시간대에 관람하면 그만이다. 그런데 만약 소리를 들을 수 없다면 어떻게 영화를 볼 수 있을까? 내가 눈앞에 있는 사물을 볼 수 없다면 영화를 어떻게 감상할 수 있을까?

앞을 못 보는 시각 장애인들을 위해 화면을 일일이 음성으로 설명해주는 '화면해설', 즉 영상에 소리가 입혀지는 과정이 있다. 듣지 못하는 청각 장애인들을 위해서는 배우들의 대사를 넣은 자막뿐 아니라 현장음, 배경음악 등의 모든 소리를 '한글 자막'으로 입히는 과정이 필요하다. 비장애인들은 외국 영화를 볼 때만 한글 자막이 필요하지만 청각 장애인들은 한국 영화에도 한글 자막이 필요하다. 극장에서 상영되는 모든 영화에 한글 자막과 화면해설 버전으로 작업을 하면 좋겠지만, 현재는 일부 영화에 한해서만 작업해 상영되고 있다. 그동안 시청각 장애인들을 위한 영화관람 환경은 무척

열악했다. 우선 한글 자막과 화면해설 영화 제작에 협조하는 한국 영화가 절대적으로 부족했고, 어렵게 협조를 얻어 제작된 영화도 상영할 때면 별도의 기기를 통해서 한글 자막과 화면해설을 송출하는 방식이라 화질도 떨어지고, 별도의 송수신기가 없으면 화면해설 음성도 들을 수 없었다.

나는 장애인영화제 기술 스태프로 한글 자막, 화면해설 버전으로 작업하는 데 필요한 영화의 모든 영상, 음성 소스를 영화사에서 받아 제작 업체에 제공하고, 극장에서 영화 상영에 필요한 기술적인 도움을 주는 말 그대로 기술적인 업무만 맡게 될 것으로 예상했다. 나는 어디를 가든 무엇을 하든 일복이 차고 넘친다. 그해 장애인영화제는 예년보다 축소된 예산 집행으로 인해서 팀의 구분이 없이 최소의 스태프로 진행해야 하는 상황이었다. 1회부터 6회까지 역대 영화제에서 여러 팀장과 수십 명의 자원봉사자들이 해왔던 일들을, 내가 참여했던 7회에서 농아인협회 외부 스태프는 유일하게 나 혼자였고, 협회 직원 한 사람과 모든 일을 해낼 수밖에 없었다. 영화제 개막식에 필요한 영상의 촬영과 편집은 물론 영화제에 상영될 영화의 선정, 필름 수급, 상영관 선정, 영화제 후원 물품과 후

원사 선정, 각종 매체 홍보, 영화제 게스트 섭외까지 다양한 업무를 모두 혼자 하게 되었다. 짧은 일정에 많지 않은 영화 편수였지만, 다양한 업무를 경험할 좋은 기회가 되었다.

  영화제가 끝나고 칭찬과 격려의 말씀을 많이 듣게 되었다. 그동안 거동이 불편해서 영화를 자주 관람하지 못했다며 다양한 영화들을 무료로 볼 수 있게 해줘서 고맙다는 말씀을 들었고, 마흔 살이 넘도록 극장에 처음 와서 영화를 보았다며 눈물을 흘리는 관객들도 만났다. 앞으로 이렇게 외화뿐 아니라 한국 영화도 자주 접할 기회를 만들어달라며 당부의 말씀을 전하시는 분들도 계셨다. 그동안 차별받고 눈치 보며 제대로 영화를 즐기지 못했던 분들이 마음 편히 소리 내어 웃고 수화로 이야기하며 다 같이 손뼉을 치고 때로는 눈물지으며 감동적인 시간을 스스로 만드셨다. 영화는 이렇게 영화 자체만으로 기억되는 것이 아니라 영화를 함께 보던 그 공간, 함께했던 사람들, 그 순간의 행복한 기억까지 모든 것들을 추억으로 만들어준다. 그 추억 만들기에 도움이 될 수 있어서 기쁘기도 했지만 앞으로 그분들에게 더 많은 기회가 제공되는 세상이 되기를 간절히 바란다.

어떤 영화를 보든
주인공과 하나가 되어라

꿈이란 당신이 잠에서 깨어나며 잊어버리는 그 무엇이
아니라 당신을 잠에서 깨우는 그 무엇이다.

- 찰리 헤지스

한때 나의 꿈은 영화감독이었다. 컴컴한 영화관에 들어가 스크린에만 집중할 수 있는 두어 시간, 바로 그 순간만큼은 누구에게도 방해받지 않고 영화 속의 주인공과 나를 동일시할 수 있다. 할리우드 진출을 꿈꾸는 배우, 폴란드 한적한 마을의 식당 주인, 역사적 현장의 택시 운전사, 과거의 기억을 지운 파란 머리의 서점 직원, 치파오를 즐겨 입는 무역회사 비서, 교통사고를 당해 코마 상태에 빠진 여인, 부다페스트 호텔의 로비 보이, IT 기업 사장 집의 집사 등등 영화 속 주인공이 되어 나와 다른 삶을 살다가 햇빛이 쏟아지는 환한 스크린 밖 현실로 돌아오면, 실제의 나와 분리되지 않고 한동안 영화 속 대사와 노래들이 귀에 머무는 경험. 그런 환상적인 경험을 사랑해오다 내가 사람의 마음을 움직이는 영화를 만들고 싶다고 오랫동안 꿈꿔왔다.

영화 〈라라랜드 La La Land, 2016〉의 주인공 미아와 세바스찬은 꿈과 현실 사이에서 방황하는 청춘들이다. 미아는 영화사 카페에서 아르바이트하며 오디션을 전전하는 배우다. 재즈 피아니스트 세바스찬은 정통 재즈 바를 여는 게 꿈이지만, 레스토랑에서 캐럴을 연주하다 해고당하는 게 현실이다. 그 둘이 사랑에 빠진다. 그리고 서로의 꿈을 공유하며 응원한다. 계속되는 실패에 지치기도 하고, 현실과 타협해 한눈을 팔기도 하고, 때론 둘의 사랑이 흔들리는 순간도 오지만 둘은 절대 포기하지 않는다.

영화의 제목 '라라랜드'는 로스앤젤레스의 별명인데 '현실과 동떨어진 상태'를 의미하는 표현이라고 한다. 우리가 살면서 꿈을 꾸는 순간, 사랑에 빠지는 순간은 어쩌면 현실과 동떨어진 미지의 공간 속에 존재하는지도 모른다. 어떤 이들에게는 판타지로 보였을 이 영화가 나에겐 너무나도 현실적이라서 영화를 보는 내내, 끝나고 나서도 한동안은 마음이 많이 아팠다. 꿈을 선택한 대가로 미아의 옆에는 다른 남자가 앉아 있고, 세바스찬은 바라던 대로 클럽의 주인이 되었지만 함께 행복해할 사람이 곁에 없다.

영화 〈라라랜드〉의 OST인 'Audition'의 부제는 '꿈을 꾸는 바보들'이다. 꿈을 꾸는 바보들. 꿈을 꾸는 바보들. 여러 번 되뇌본다. 꿈을 꾸는 건 바보짓인가? 현실을 모르는 바보들만 꿈을 꾸는가? 이제 현실은 바보가 되기도 쉽지 않은 세상이다. 미아와 세바스찬이 서로의 꿈을 공유하고 사랑했던 순간들은 꿈꿀 수 있었던 지난날들의 상징이다. Audition은 아니 이 영화는 내가 더 이상 영화감독을 꿈꾸지 않는 현실에서 꿈을 꿀 수 있었던 지난날들에 바치는 노래 같았다.

주인공들이 사랑하고 함께 꿈꾸던 그 순간, 그들이 있던 장소가 라라랜드였다면, 어쩌면 꿈을 이루기 위해 도전하고 실패하고 다시 일어서 도전하는 그 모든 순간이 인생에서 가장 아름다운 순간이라는 것을 라라랜드라는 환상의 공간을 통해서 보여준 것이 아닐까.

  내가 남들보다 조금 늦게 영화과를 졸업하고 나서 독립 장편 영화, 영화인 단체, 청소년 영상 교육 단체, 장애인 영화제, 방송국 조연출, 홈쇼핑……. 다양한 일터와 수많은 사람을 지나올 때 나는 그것이 의미 있는 순간들이었는지 깨닫지 못했다. 시간이 흘러 누군가가 나에게 그 순간들이 나의 꿈을 향한 끝없는 노력과 도전의 시간들이었다고 말해주었을 때, 내 삶에 대해 보상을 받은 듯이 굉장히 고마웠다. 미아와 세바스찬이 그리피스 천문대 근처 공원 벤치에서 탭댄스를 추던 경쾌한 발걸음으로 나는 계속해서 앞으로 나아갈 것이다. 내 꿈이 죽지 않고 내 안에 살아 있는 한, 또 다른 나의 꿈을 위해…….

따라하다 보면 자존감이 높아지는 영화 사용설명서

 여름은 원래 덥고 습하다지만 최근엔 갑자기 불어오는 강한 바람이 비를 몰고 오기도 하고, 강하게 내리쬐는 햇볕으로 공기의 일부가 상승하면서 소나기가 오기도 한다. 마치 열대지방의 스콜 같다. 날씨가 변덕이 심하고 이상하다고 날씨 탓을 하며 아무것도 하기 싫은 한여름이다. 이럴 때 생각나는 건 여행이다. 가고 싶은 도시의 최저가 항공권을 찾아보며 금방 의욕을 되찾고 조금 신나졌다. 지금 이곳만 벗어나면 예전처럼 적극적이고, 내가 바라는 대로 살고 있는 나를 만날 수 있을 것만 같다.

 '나는 누구인가?', '나는 행복한가?', '내가 진실로 원하는 삶인가?' 삶이 던지는 질문에 답하기 위해 여행을 시작하는 영화가 있다. 미국의 작가 엘리자베스 길버트의 실제 이야기로 만든 에세이 《먹고 기도하고 사랑하라》는 〈뉴욕타임스〉에서 158주간 베스트셀러였는데 그 원작을 바탕으로 만들어진 영화가 〈먹고 기도하고 사랑하라 Eat Pray Love, 2010〉이다.

주인공 리즈는 꿈꾸던 결혼 생활을 하지만 현실은 어딘가 부족한 느낌을 받는다. 남편과 딴 배를 탄 느낌이었다. 자신을 붙잡는 남편을 뒤로하고 이혼을 결정한다. 이혼을 선언하긴 했지만 지루한 이혼 소송이 이어지고 그사이 자신이 쓴 대본에 맞춰 연기하던 배우와 사랑에 빠지게 된다. 하지만 그곳에도 리즈 자신은 없다. 그녀는 오로지 자신에게 집중하기 위한 여행을 떠나기로 한다. 모든 짐을 컨테이너에 맡기고 1년간의 긴 여행을 떠난다.

Eat / 달콤한 게으름의 시간

시작은 '먹는 것'이다. 누구보다 음식에 열정적이었던 그녀는 잃어버린 식욕을 되찾으러 이탈리아로 가서 새로운 친구들을 만나고, 먹는다. 이탈리아어를 배우며 먹는다. 나폴리에 가서 먹고, 축구 경기를 보며 먹는다. 먹고, 또 먹는다.

그러는 동안 그녀는 행복이 무엇인지 서서히 느끼게 되고, 풍만한 감정을 되찾게 된다. 로마의 삶에 익숙해지자, 그녀는 다른 욕구를 채우기 위해 떠난다.

Pray / 내 안의 신을 만나는 시간

이번에는 인도 아쉬람이다. 식욕으로 배를 채웠다면, 이번엔 마음을 채우고자 명상을 하려 한다. 하지만 이게 웬걸, 온갖 잡생각에 명상이 쉽지 않다. 게다가 잔소리만 해대는 텍사스 아저씨 때문에 리즈는 더욱 짜증만 날 뿐이다.

"누군가를 위해 기도를 해."

사람은 가끔 타인을 바라보며 자신을 정의하고는 하는데, 리즈 역시 타인을 위해 기도를 하는 순간 진정한 명상의 세계에 빠지게 된다. 자신처럼 불행한 결혼이 아닌, 정말 행복한 결혼 생활이 되길 바라며 17세 소녀를 위해 열심히 기도하고, 명상한다. 그리고 리즈는 드디어 신을 만난다. 명상실 사진 속에 있는 스승님이 아닌 자신의 내면에 있던 신 말이다. 그리고 리즈는 비로소 마음의 풍요까지 얻게 된다. 그리고 아쉬람을 떠난다. 신은 언제나 내 안에 있다는 걸 알게 된 순간이다.

Love / 당신을 사랑할 시간

1년 만에 다시 찾은 발리에서 리즈는 이탈리아에서처럼 신나게 놀고, 인도에서처럼 명상하며 자신을 찾는 여정을 계속해나간다. 하지만 그 여정 속에는 언제나 새로운 사람이 함께하기 마련, 리즈는 브라질 남자와 행복한 시간을 보내게 된다. 그러나 곧 리즈는 고민을 하게 된다. 이 남자와 더 사랑해도 될까, 내가 또 없어지는 건 아닐까, 균형이 깨지는 건 아닐까.

"사랑을 하면 균형이 깨질 수는 있지. 하지만 더 큰 균형을 찾을 수 있을 거야."

그녀는 무너지는 게 두렵고 무서웠지만 용기를 내본다. 다시 한번 용기를 내어 사랑해보기로 한다. 무엇보다 그녀 자신과 그리고 그런 그녀를 사랑하는 그 남자를. 그렇게 그녀는 먹고, 기도하고, 사랑하며 자신을 사랑하는 법을 알게 된 것이다.

여행을 부르는 영화 〈먹고 기도하고 사랑하라〉 이 작품을 인본주의 심리학자 에이브러햄 매슬로의 심리학 관점에서 이해할 수 있다. 매슬로는 사람에게 동기부여를 하려면 낮은 단계의 욕구부터 시작하여 그것이 충족되면 상위욕구가 동기 요인으로서 작용한다고 하였다.

1단계 생리적 욕구 (Physiological Needs)
가장 기본적이면서도 강력한 욕구로 욕구 피라미드의 최하단에 위치한다. 음식, 물, 성, 수면, 항상성, 배설, 호흡 등과 같이 인간의 생존에 필요한 본능적인 신체적 기능에 대한 욕구가 생리적 욕구이다. 가장 기본적이면서 중요한 욕구이므로 다른 어느 욕구보다도 먼저 충족되어야 한다.

2단계 안전의 욕구 (Safety Needs)
평상심과 질서를 유지하고자 하는 욕구로 개인의 안정, 재정적인 안정, 고용, 건강과 안녕, 사고나 병으로부터의 안전망의 영역을 포함한다.

3단계 소속과 애정의 욕구 (Belongingness and Love Needs)

생리적 욕구와 안전의 욕구가 충족되면 인간은 누구나 규모가 크든 작든 사회 집단에 소속되어 수용되고자 하는 욕구가 있다. 다시 말하면 사회적인 상호작용을 통해 전반적으로 원활한 인간관계를 유지하고자 하는 욕구를 말한다. 사람은 사랑하기를 원하고 다른 이에게서 사랑받기를 원한다.

4단계 존경 욕구 (Esteem Needs)

대부분의 사람은 안정된 자아 존중감을 느끼기를 원한다. 매슬로는 '낮은' 수준과 '높은' 수준이라는 두 종류의 존중감을 이야기한다. '낮은' 수준의 존중감은 타인으로부터 존중받고자 하는 욕구이다. 이는 지위나 인정, 명성, 위신, 주목에의 욕구와 같이 외적으로 형성된 존중감이다. '높은' 수준의 존중감은 자기 존중(self-respect)에 대한 욕구이다. 이를테면 사람들은 강인함, 경쟁력, 어떤 것의 숙달, 자신감, 독립성, 혹은 자유와 같은 가치를 갖고자 한다.

5단계 자아실현 욕구 (Self-Actualization Needs)

자신의 역량이 최고로 발휘되기를 바라며 창조적인 경지까지 자신을 성장시켜 자신을 완성함으로써 잠재력 전부를 실현하려는 욕구이다. 매슬로는 이러한 자아실현의 욕구를 가장 인간다운 욕구로 중요하게 생각했다. 이 단계의 욕구를 이해하기 위해서는 한 사람이 이전 4단계의 욕구가 충족되어야 할 뿐 아니라 욕구에 대한 숙달도 역시 높아야 한다.

영화를 보고 나서 그 감동이 꺼지기 전에 원작 에세이까지 찾아 읽고 나자 나도 리즈처럼 여행을 하면서 진정한 나 자신을 마주하고 싶어졌다. 주술사 카투의 말처럼 머리로 세상을 보지 않고 마음으로 들여다보고 싶었다. 도덕 교과서에서나 강조되었고 오랫동안 잊고 살았던 자아실현이 뭔지 몸으로 깨닫고 싶었다. 가슴을 울리는 영화 속 대사를 품고 떠나기로 결심했다.

"파괴는 선물이야. 파괴가 있어야 변화가 있지."

똑똑한 결정을 하는
결정 근육을 키워라

 최근 몇 년 사이에 등장한 '워라밸'이라는 말이 있다. 일과 삶의 균형을 뜻하는 '워크 앤 라이프 밸런스(Work and Life Balance)'의 줄임말이다. 장시간 노동을 줄이고 일과 개인적 삶의 균형을 맞추는 문화의 필요성이 대두하면서 등장한 신조어인데 국어사전에도 등재되어 있다. 구직자나 이직 희망자들 사이에서 직장을 구할 때 중요하게 여기는 조건으로 기업의 '워라밸'이 어느 정도인지 알아보고 입사 지원을 하는 것이다. 업무 외의 시간에 자기계발을 하거나 취미생활을 즐기는 직장인들이 많아지면서다. 그러나 막상 직장에 들어가면 '워라밸'은 없고 '워워워워밸'만 있는 삶이 대부분이다.

 작년 가을 목디스크가 재발해서 한동안 고생을 했다. 평소

관절이 약하기도 하고 좋지 않은 자세, 과로와 스트레스의 종합적인 결과물이라고 생각한다. 눕거나 앉거나 일어서거나 걷거나 목은 내 몸의 전체를 지탱하는 중심축이고 계속해서 움직여야 하니 그 어떤 자세도 모두 불편했다. 일주일간 회사에 병가를 내고 매일 병원을 오가면서 신호등이 깜빡이는데 뛸 수 없는 몸 상태를 보며 문득 생각했다. '내 삶은 심플한가? 나는 나의 시간을 지배하고 있나?' 워라밸을 실현하며 행복한 삶을 살고자 하는 직장인, 자신이 원하는 삶을 사는 직장인이 되기 위한 비결 중 하나가 이 질문에 있다. 그런데 나는 그 순간 스스로 대답하지 못했다.

 삶이 삐거덕삐거덕 복잡하고 내가 시간을 지배하는 것이 아니라 시간에 끌려다니면 워라밸은 무너지고, 그런 경우 결코 행복할 수가 없다. 그래서 아무리 바쁘더라도 하루 한두 시간 자신만의 시간을 정하고 주도적으로 사용할 수 있다면 그것만으로 여유 있고 행복한 삶을 사는 느낌이 들게 된다. 여유 있고 심플한 삶을 살기 위해 필요한 것은 많은 시간이 아니라 밀도 높은 시간이다. 하고 싶은 일에 몰입해서 하나가 되고 시간의 노예가 아니라 주인이 되어야 하는 것이다.

저녁 여섯 시 칼퇴근, 그리고 주말을 온전히 내 시간으로 활용하고 싶은 마음에 선택했던 투잡이었다. 회사가 칼퇴근은 보장되어 있으니 평일 저녁에 친구도 만나고 영화도 보고, 방에 쌓인 책도 보고 얼마든지 할 수 있는 것들이 많이 있다. 많다고 생각했다. 그렇지만 막상 현실은, 스트레스 강도가 절정인 감정 노동을 하는 바람에 종일 시달리다 지쳐 저녁이 되면 잡혀 있던 약속도 취소하고 체력 탓을 하며 집으로 와서 저녁밥을 먹자마자 눕기 일쑤였다. 그러다 누워서 휴대폰으로 SNS를 들여다보면 남들은 모두! 근사한 곳에 가고, 맛있는 음식을 먹으며 사랑하는 사람들과 행복한 시간을 보내고 있는 것 같다. 그런 생각을 하다 잠이 들면 아침에 몸은 찌뿌둥하고 마음은 저 깊은 바닥에 가라앉아 떠오를 줄은 모른다.

그런 생활의 연속이던 어느 날 영화 〈악마는 프라다를 입는다 The Devil Wears Prada, 2006〉를 보았다. 개봉 당시엔 메릴 스트립의 카리스마와 앤 해서웨이의 아름다움에만 시선이 팔려서 저렇게 멋진 상사와 일을 하면 엄청나게 피곤하겠지? 결말에서 주인공처럼 원하던 좋은 곳으로 가게 될 수 있다면 나는 견딜 수 있었을까? 1차원적인 생각만 했던 것 같다. 영화를 다시 보니 가슴에 꽂히는 대사가 있다. 상사의 성격이 괴팍하고 자신의 노력을 알아주지 않아서 힘들다는 주인공에게 아트디렉터 나이젤은 이렇게 말한다. "어떤 사람들에겐 일하다 죽어도 좋을 곳이지만 넌 그냥 마지못해서 하는 거잖아. 넌 노력하고 있지 않아. 그냥 징징대고 있는 거야." 그 순간 주인공의 표정과 내 표정이 비슷했을 것이다.

프로와 아마추어의 차이는 무엇일까? 답은 물론 여러 가지가 있을 수 있겠지만 나는 '선택과 집중'에 있다고 생각한다. 프로는 바쁜 일상 속에서도 우선 자신만의 시간을 미리 확보한다. 그리고 급하지 않지만 중요한 일부터 시작한다. 하지만 아마추어는 급한 일부터 해치우느라 바빠서 자신에게 써야 하는 시간을 확보하지 못한다. 결국 시간을 낭비하게 되는 것이다. 그 시간은 어디로 갔는지 모르지만 늘 바쁘다. 타인을 위해서 회사를 위해서 할애할 시간은 있어도 자기 자신을 위해서 할애할 시간은 없는 것이다. 결국 프로는 시간을 관리하고 아마추어는 시간에 끌려다닌다. 나는 영화 연출을 전공했고 글쓰기에 대해 배운 적도 없다. 하지만 한

가지 얻은 확실한 교훈이 있다. 글쓰기든 무엇이든 꾸준히 하다 보면 임계점을 넘어서는 순간이 오고, 임계점을 넘어서면 일정 수준 이상의 결과물이 나오기 마련이라는 것이다.

수많은 직장인에게 권한다. 주말 아침 3시간의 힘을 믿어보라고, 무엇보다 자신의 의지와 자신의 가능성과 잠재력을 믿어보라고 말이다. 그렇게 하면 분명히 삶에 긍정적인 변화, 아주 큰 변화가 찾아올 것이다.

영화를 아무리 보아도
당신이 그대로인 이유

　어릴 때 우리 집은 가난했다. 엄마 혼자 장사를 하셨고 아버지는 사업 실패로 경제활동을 오랫동안 하지 못하셨다. 그땐 생활보호대상자라고 했는데 지금은 뭐라고 표현하는지 모르겠다. 중학교 때는 등록금 일부를 감면해주는 혜택이 있었는데, 담임선생님들이 그걸 어찌나 눈에 띄는(?) 방식으로 주셨던지 등록금 고지서를 나눠주던 순간이 아직도 기억이 난다. 반에서 서너 명 정도 있었는데 이름을 한 명씩 불러서 앞으로 나오게 했다. 영문 없이 불려 나가서 빨간 볼펜으로 찍찍 그어져 금액이 수정된 등록금 고지서를 받아들고서야 무슨 상황인지 파악이 됐었다. 나는 여중에서 전교 방송부장이었고, 공부를 꽤 잘했고 선생님들을 잘 따라서 예쁨을 받고 있었는데, 그 당시만큼은 내가 한없이 작아질 수밖에 없었다. 그렇다고 위축되거나 우울해하진 않았지만, 그 예민했던 시기에 결코 기분 좋은 상황은 아니었으니까.

학창 시절을 포함해 20년을 살았던 경기도 부천시에서는 매년 5월 '복사골 예술제'라는 시민을 위한 축제가 열렸다. 복사골 국악제, 무용제, 연극제, 시낭송회, 사진전, 미술제, 합창제, 관현악 축제……. 그리고 내가 참여했던 백일장. 초등학교 때부터 중학교 때까지 해마다 백일장에 참가했었다. 1988년 서울올림픽을 기념으로 글감이 주어져서 '성화'라는 주제로 백일장에서 장원을 차지한 적도 있었다. 그때의 영광은 잠시, 그 일을 계기로 '은따', 은근한 따돌림을 경험하게 되었다.

우디 앨런 감독의 영화 〈블루 재스민 Blue Jasmine, 2013〉에서 재스민은 고아였으나 입양되어 부자와 결혼했고 뉴욕의 고급 아파트에 살며 전용 수영장에서 수영을 즐기고 화려한 파티와 명품으로 채워진 삶을 사는 최상류층 부인이다. 그러나 부자인 줄 알았던 남편이 부정한 방법으로 부를 축적해온 사기꾼이었으며, 바람둥이였다는 사실을 알고, FBI에 직접 남편을 신고한다. 모든 재산은 가압류당하고 아무것도 없이 거리로 나오게 된 재스민. 급기야 아들까지 집을 나가자 크게 상심하여 현실과 상상을 구별하지 못하고 헛소리와 혼잣말을 지껄일 정도로 심신이 미약해진 상태에 이른다. 재스민은 생존을 위해 지푸라기라도 잡는 심정으로 어렸을 적 함께 같은 양부모에게 입양되었던 여동생 진저의 집으로 찾아간다. 진저는 전 재산을 형부에게 맡겼다가 사기를 당한 뒤 남편과 이혼 후 아들 둘을 키우고 있다. 작은 집에 언니까지 도맡아 살기엔 빠듯하지만 진저는 선뜻 방 하나를 내주고 언니인 재스민이 새로운 삶에 적응하도록 도와준다. 그리 좋지 않은 집과 경제력에도 불구하고 엄마로서 해야 할 역할에 충실하고 남자친구와의 관계에도 최선을 다한다.

몇 걸음만 나가도 명품 매장이 즐비한 고급 주택가에서 차이나타운의 허름한 뒷골목으로 하루아침에 삶의 터전이 바뀌어 버린 재스민에게 인생은 빨리 깨어나고 싶은 악몽일 뿐이다. 마트 계산원으로 일하는 여동생과 그녀의 일용직 남자친구를 루저라고 생각하지만 현실은 그들과 함께 밥을 먹고 같은 집에서 살며 신경안정제와 술로 하루하루를 버티는 방법밖에 없다. 그녀는 에르메스 백과 샤넬 재킷으로 그들과 자신을 구별하려고 하지만 그럴수록 자신의 처량한 처지만 더욱 부각된다. 재스민은 울부짖는다. "얼마 전까지 파티를 주최했던 사람이 지금은 신발 사이즈나 재고 있다고!"

재스민이 불행한 진짜 이유는 가난해졌기 때문이 아니라 화려했던 과거에 비해 현재가 너무나 보잘것없다고 여기기 때문이다. 뉴욕에서 가장 화려하게 살던 사람 중 하나였던 자신이 명품이 뭔지도 모르는 사람들의 비위를 맞추며 돈을 벌어야 한다는 사실을 도저히 받아들일 수가 없는 것이다. 그녀는 끝내 현실을 거부하고 거짓말로 자신을 그럴듯하게 포장한 채, 상류사회로 데려다줄 조건 좋은 남자를 찾아 나선다. 그렇게 하지 않고는 추락한 자신의 가치와 인생을 복구할 수 없다고 생각하기 때문이다.

하지만 그녀는 진짜 행복했을까? 재스민은 대놓고 사기를 당하는 우둔하고도 가여운 여성이다. 물질적으로 상대와 자신을 비교하기 좋아하는 그녀는 물질을 잃어버렸을 땐 자존감까지 잃고 만다. 스스로 잘난 삶을 살아갔다고 믿었을 때도, 자신감에 차올랐던 인물은 재스민 본인뿐이다. 재스민이 잃은 것은 돈, 집, 명품 등 물질적인 것만이 아니다. 가족, 사랑하는 사람, 소중한 '사람들'을 잃었다. 더불어 꿈도 열의도 잃었다. 아니, 애초에 잃을 것이나 있었는지도 모호하다. '나는 누구인가'에 대해 자답하기 힘들 정도로 그녀는 자신의 참모습을 모르며 살아왔다. 타인에게 비치는 겉치레에만 신경 쓰며 살아왔던 것이다. 결국 모든 것이 무너진 재스민의 삶. 밝고 화려한 배경에 값진 소품들로 치장해도 재스민이 풍기는 우울감과 허망함은 숨길 수가 없다.

재스민과 진저 이 둘의 차이는 만족의 기준이 자기 내부에 있느냐와 외부에 있느냐에서 찾을 수 있다. 재스민이 추구하는 물질적 풍요는 외부적 판단 기준에 의해 그 수준을 가늠할 수 있는 것이다. 물질을 추구하는 근본적 이유는 타인과 비교하여 우월감을 느끼기 위한 것이기 때문이다. 아무리 좋은 100억짜리 집을 가졌다고 하더라도 이웃집이 101억이라면 만족하지 못한다. 반면 정신적 가치를 추구하는 사람들은 내부적 기준에 의해 스스로 만족도를 결정한다. 정신적 가치는 물질적인 기준으로 그 수준을 나타낼 수 없다.

사랑이 숫자로 표현할 수 있는 가치인가? 희망은? 위로는? 도덕, 철학, 예술 등을 점수로 매길 수 있는가? 모든 판단과 기준은 자기 내부에 있다. 정신적으로 충만한 삶은 타인의 기준이 아니라 자신만의 기준을 충족시키면 되므로, 훨씬 행복을 쉽게 느낄 수 있다. 하지만 현실과 이상, 물질과 정신, 자기만족의 기준이 어디에 있느냐를 두고 어떤 것이 옳고 그른지 아무도 판가름하거나 평가할 수 없다.

이 영화에서 재스민의 성격적 특징은 허영심과 우월감으로 표현할 수 있는데 이 두 가지는 모두 어릴 때 형성된 열등감으로부터 기인한다. 고아에서 입양되어 유년기를 보낸 재스민에게 당연히 콤플렉스가 많았을 것이다. 그렇기에 자신의 결핍을 충족시키기 위해 부유한 사람과 결혼하였고, 콤플렉스를 감추기 위해 외적으로 드러나는 부분에 사치스러운 삶을 살았던 것이다.

누구나 피하고 싶은 장애물 한두 개쯤은 있을 것이다. 많은 사람 앞에서 수치심을 느꼈던 일, 좋아했던 사람으로부터의 거절, 작은 일에 분개해서 일을 크게 그르쳤던 일…….

이 모든 것들은 기억의 저편에서 숨어 있다가 불시에 열등감으로 표출된다. 그런데 그것이 그렇게 나쁜 것인가?

인간은 기본적으로 허영심과 우월감이 있고 타인을 넘어서려는 동기(motivation)의 바닥에 존재한다. 자신을 이상적으로 표현하고자 하는 허영심과 남들보다 우위에 있고자 하는 욕망으로 대변되는 우월감은 목표 달성을 위한 원동력이 될 수도 있다. 또한, 열등감으로부터 자아를 보호해주는 방어기제로써 작용한다. 열등감은 등에 난 흉터와도 같다. 옷만 입고 있으면 아무도 모른다. 그러나 그 흉터가 있다는 것을 알고 있는 자기 자신에게는 콤플렉스가 된다. 그것을 숨기기 위해 비밀이 많아진다. 거짓말을 하게 되고, 가식적인 태도 때문에 사람들과 멀어질 수 있다. 흉터가 깨끗하게 나을 수만 있다면 좋겠지만, 그것이 불가능하다면 걱정과 고민으로 자신을 괴롭히지 말고 흉터가 없다는 상상을 해보자. 당당히 드러내자. 자기 안의 열등감으로부터 얼마나 자유로울 수 있을까. 분명한 것은 열등감으로부터의 도피는 절대 타인의 기준을 따르지 않는다는 것이다. 자신만이 열등감으로부터 자신을 구할 수 있다. 재스민 또한 자신을 구하기 위해 허영과 망상을 통해 현실로부터 도피했다. 누구든 죄 없는 자, 먼저 그녀에게 돌을 던져라. 결국 재스민의 허영과 망상은 우리 모두의 것이나 마찬가지이니까.

지금,
당신의 감정은 안전한가요

"아이폰 새로 나온 거로 바꿨어요. 처음으로 맥스로 샀는데 액정이 커서 진짜 편해요."

"아이폰 맥스 비싸지 않아? 얼마야? 몇 개월 할부로 했어?"

"휴대폰 살 때 보통 24개월 할부로 하는데, 이번엔 6개월 할부로 샀어요."

"할부 갚으려면 앞으로 6개월은 회사를 더 다니겠군. 할부가 긴 게 뭐가 있지, 36개월 정도?"

하루에도 몇 번씩 솟구치는 퇴사하고 싶은 마음을 꾹 누르려면 물건을 살 때 할부를 최대한 길게 하고, 배송지를 회사로 하라는, 내가 좋아하는 선배님의 조언이다. 선배님은 본인이 예민해서 사회생활하기 힘든데, 내가 더 예민하다며 그래서 상처가 많다고 걱정하셨다. 내가 이 예민함을 위해서 얼마나 많은 시간을 공들였는데, 얼마나 많은 돈을 투자했는데, 조직 생활에서는 필요가 없는 예민함과 감수성이라니……

영화 〈월터의 상상은 현실이 된다 The Secret Life of Walter Mitty, 2013〉는 한 남자의 출근 준비로 시작된다. 그리고 들리는 질문 "당신에게 특별한 경험이 있나요?" 하고 싶은 대답은 상상 속에만 있을 뿐 그의 대답은 "없다"이다. 〈라이프〉 잡지사에서 16년째 네거티브 필름 담당자로 일하고 있는 월터는 언제나 열심히 살지만, 대부분의 회사원처럼 반복적이고 무료하고 지루한 하루하루를 살아가는 사람이다. 그런 현실 속에서 느끼는 공허함은 그저 상상으로 채워가는 사람. 그 상상조차 다른 사람들에게 표현하지 못하고 멍때리거나 넋을 놓고 다른 생각하는 것으로 무마하는 사람이다.

영화의 카피처럼 해본 것 없음, 가본 곳 없음, 특별한 일 없음. 그런 그의 인생에 커다란 변화가 생긴다. 마흔두 살의 생일날 그의 회사가 인수되어버린 것이다. 16년 동안 한 번의 실수도 없이 제 몫을 다해온 그이지만 새로 온 상사에게는 무슨 일을 하는지도 모르는 구조 조정 대상이다. 그런 그에게 마지막으로 사건이 발생한다. 그와 오랫동안 일했던 사진작가의 '삶의 정수'가 담긴 잡지의 표지 사진으로 쓰일 스물다섯 번째 사진이 없는 것이다. 결국 주인공은 스물다섯 번째 사진을 찾기 위해 헬리콥터에서 바다로 뛰어들고, 상어랑 싸우기도 하고, 화산으로 가기도 하면서 그동안 경험해보지 못한 특별한 경험을 하게 된다.

《톰 소여의 모험》으로 잘 알려진 마크 트웨인은 "성공하는 사람과 그렇지 못한 사람의 차이는 하루에 5분, 생각하는 시간을 가지느냐 그렇지 않느냐이다"라고 했다. 예를 들어 '내가 남은 삶을 어떻게 살아야 할까?', '내가 좋아하는 건 뭐지? 잘하는 건 뭘까?', '나의 능력으로는 회사를 나가서 어떤 직업으로 어떻게 연결할 수 있을까?', '내가 평생 할 수 있는 일이 과연 있을까?' 같은 생각 말이다. 그런 기준으로 직장인을 세 종류로 나눌 수 있겠다.

첫째, 퇴사 이후의 삶을 준비해야 한다고 생각하면서 그저 걱정만 하는 사람

둘째, 퇴사 이후의 삶에 대해 고민하고 적극적으로 준비하는 사람

셋째, 아무 생각 없이 회사에 다니는 사람

당신은 어디에 해당하는가? 위의 고민이 무작정 퇴사를 한다고 해서 모두 해결이 되는가? 얼마 전 신문에 40대부터 퇴직 공포에 재취업 컨설팅을 받는 사람들에 관한 기사가 실린 적 있다.

대기업에서 30년간 근무하다 퇴직한 50대 여성이 집에만 있으려니 무력감이 몰려와서 바로 구직활동에 나섰으나, 스펙이 오히려 장애가 되어 계속해서 퇴짜를 맞았다. 결국 경력을 포기하고 인근 어린이집에 '장년 인턴'으로 입사해 아이들의 일상을 동영상으로 촬영, 편집하고 홈페이지에 게시하는 동영상 선생님으로 취직했다는 내용이었다. 아직 아들 둘이 대학생이라 학비도 필요하고, 결혼도 지원해줘야 할 텐데 걱정이 크다고 했다.[06]

---

[06] "퇴직 공포… 40대부터 줄서는 재취업컨설팅", 서울신문, 2016.08.02.

기사를 읽고 나서 '나는 아직 저 나이는 안 되었으니까', '내가 다니는 회사는 그런 직종은 아니니까'라고 생각하며 안심하고 있는가? 어쩌면 기사를 읽으면서 안쓰러운 마음이 드는 것은 남의 일이 아니라 퇴직 후 나의 모습일 수도 있기 때문이다. 사회 분위기가 이렇다 보니 퇴직 후의 삶을 준비하는 연령대도 점차 낮아지고 있다. 기존에 중장년층 대상의 프로그램들도 45세 이상으로 훨씬 낮아졌다. 퇴직 후에 일어날 수 있는 비극은 국가와 회사, 환경 탓일 수도 있겠지만 미리 준비하지 않은 개인의 책임이 가장 크다. 시간이 흐른다고 미래가 오는 것은 아니며 비전은 회사나 남이 만들어주지 않는다. <u>스스로 만들어야 한다.</u>

그렇다면 퇴직 후 자신의 뜻을 펼칠 수 있는 일을 하거나, 최소한 재취업에 성공하려면 어떻게 준비를 해야 할까? 결국, 답은 회사에 다니면서 계획을 완성해야 한다는 것이다.

다시 영화 〈월터의 상상은 현실이 된다〉로 돌아가 주인공 월터는 결국 스물다섯 번째 사진을 찾지 못하고 회사에서 해고를 당한다. 망연자실해서 집으로 돌아온 그에게 어머니는 혹시나 모를까 챙겨뒀다는 지갑에서 삶의 정수가 담겨 있다던 스물다섯 번째 사진을 찾게 된다. 이후 알게 된 마지막 〈라이프〉지의 표지는 월터 그 자신이었다. '모든 직원에게 바칩니다'라는 메시지와 함께 〈라이프〉지를 위해 열심히 일한 월터의 모습이 사진작가가 말하는 아름다운 순간이었고, 그가 말한 최고의 작품이었다.

나에게 물건을 살 때 할부를 길게 하라던 그 선배님은 사회생활 20년 만에 정작 본인이 사회생활에 맞지 않는 사람이라며, 나 혼자 잘한다고 뭐든 해결되는 게 아니고 서로 조화를 이루어야 하는데 그게 빵점이라고 스스로 평가하고 10년 다닌 회사를 나보다 먼저 그만두셨다. 나는 그로부터 한 달 뒤에 퇴사했다. 내가 그토록 꿈꾸던 워라밸은 없고 워워워워밸만 있던 삶이 비로소 끝이 났다. 내 인생의 플랜 B를 준비했기 때문이다.

영화는
세상과 만나는 방법이다

엄청나게 커다란 기쁨만 중요한 게 아녜요. 작은 것에서부터 큰 기쁨을 끌어내는 것, 그게 바로 행복의 참된 비결이고, 그러려면 바로 현재를 살아야 해요! 지난 일을 영원히 후회하거나 다가올 미래를 걱정하며 시간을 낭비하는 것이 아니라 바로 지금 이 순간을 최대한으로 사는 거예요.

- 중략 -

사람들은 대부분 살아가는 게 아니라, 경주를 해요. 오직 저 멀리 지평선에 놓여 있는 결승점에 도달하려고 안간힘으로 달리는 거예요. 그렇게 한참 달리다 보면 숨이 턱까지 차서 헐떡거리게 되고, 그러면 아름답고 평화로운 전원 속을 지나오면서도 그 풍경을 다 놓치고 말아요. 결승점에 이르러서야 깨닫죠. 자신들이 늙고 지쳐버렸다는 것을, 그리고 결승점에 도달하느냐 마냐는 중요하지 않았다는 것을요. 저는 길가에 앉아 소소한 행복을 많이 쌓기로 했어요. 비록 제가 위대한 작가라는 결승점에 결국 이르지 못하더라도 말이에요. 제가 훌륭한 여성 철학자로 성장하고 있다는 걸 아셨나요?

- 진 웹스터 《키다리 아저씨》[07]

1912년에 발표된 미국 소설 《키다리 아저씨》는 보육원에서 지내고 있던 주디가 매달 후원자에게 후원자의 안부를 묻는 편지를 보내는 조건으로 익명의 후원자로부터 대학교 진학 후원을 받게 된다. 키다리 아저씨라고 부르는 그녀의 후원자에게 대학교 생활에 대해 편지를 쓰는 형식으로 구성되어 있다. 나에게도 그런 키다리 아저씨가 있다. 소설에서 주디는 키다리 아저씨에 대한 그리움이 커졌지만, 대학교 생활을 마칠 때까지 끝내 키다리 아저씨를 만나지 못했다. 나는 키다리 아저씨를 먼저 만나고, 그 이후에 편지를 주고받게 되었다.

1996년 종로 영풍문고 문구 매장에서 아르바이트하던 어느 날 그분을 처음 뵈었다. TV에 나오는 연예인을 처음 본

---

07 진 웹스터, 키다리 아저씨, 더스토리, 2019.

순간처럼 가슴이 콩닥콩닥했는데, 그분이 맞나? 아닌가? 누구에게 물어볼 수도 없고 그러다 그냥 지나쳐 가실 것만 같아서 마음이 조마조마했다. 그때 그분이 입은 조끼에 '서울단편영화제'라고 쓰인 것이 살짝 보였다. 그분이 맞다! 내가 좋아하는 그분이 맞으니 이제는 용기를 내어 내가 당신의 오랜 팬이라고 아는 척을 해볼까? 사인은 어디에 받을까? 고민하는 사이에 그분은 어느새 시야에서 사라지셨다.

시간이 흘러 2000년 부산국제영화제 폐막작으로 상영되었던 영화 〈화양연화 花樣年華, 2000〉의 왕가위 감독, 배우 장만옥, 양조위를 한자리에서 볼 수 있는 기회가 있었다. 부산에서 폐막식 일정을 마친 그들이 종로 시네코아에서 영화를 함께 보고 관객들과 대화하는 정말 뜻깊은 자리였는데, 그 행사의 진행을 나의 키다리 아저씨가 하시게 되었다. 거기서 나는 그 많은 사람을 뚫고 앞으로 나가 겁도 없이 기자들 사이에서 사진을 마구 찍어댔다. 나중에 필름을 인화해서 보니 왕가위 장만옥 양조위보다 내가 좋아하는 키다리 아저씨 사진들이 더 많은 것을 알게 되었다. 그 사진들을 보면 그 순간 엄청나게 흥분했던 나와 그들 속에서 열정적으로 진행하셨던 아저씨의 모습이 담겨 있어 흐뭇해졌다. 이 사진을 보내드려야겠다! 사진을 몇 장 고르고 엽서에 내 마음을 꾹꾹 눌러써서 〈키노(KINO)〉 편집부로 소포를 보냈다. 시간이 흘러 2001년 1월 8일 편지 한 통을 받았다.

"안녕하세요. 저는 정성일입니다. *^^*
이렇게 만나게 되어서 정말 반갑습니다.
아마도 영풍문고에서 인사를 했으면 더 좋았을 텐데 말입니다."

나는 심장이 튀어나오는 줄 알았다. 세상에 정성일 아저씨가 나에게 편지를 주시다니, 그리고 까맣게 잊고 있던 영풍문고를 언급하시다니……. 너무 놀라고 감정이 북받쳐서 울컥하며 손이 바들바들 떨렸다. "화양연화 행사 때 찍은 사진 보내주신 것을 항상 부채감으로 안고 있었는데, 제가 감사의 뜻으로 점심이라도 살 수 있는 영광을 베풀어주신다면 마음이 가벼워질 것 같습니다"라는 내용이었다. 그리고 편지는 이렇게 끝을 맺었다.

"영화 공부를 하시기로 마음을 먹으셨다니, 이제 우리는 영화를 하는 동료가 된 셈이군요. 좋은 친구가 되기를 희망합니다."

그렇게 우리는 키다리 아저씨와 주디가 되었다. 영화과 입시를 준비할 때부터 힘들 때마다 편지를 썼고 그때마다 나에게 힘을 주시는 말씀을 엄청나게 빼곡하게 써서 보내주셨다. 밤샘하는 아르바이트는 힘들지 않은지, 그렇게 해도 건강은 괜찮은지, 'Cinema Paradiso 국선'이라고 부르겠다며 내가 아르바이트하던 극장에 찾아오신다고 했었고, 학교에서 시험은 잘 봤는지, 영화과 1학년이라 선배들이 군기를 잡고 힘들게 하지는 않는지, 몸이 아픈 건 괜찮은지, 우울해하던 일은 해결되었는지. 매해 크리스마스와 첫눈과 새해 인사는 아저씨에게서만 들었던 것 같다. 아니, 다른 사람에게서도 인사는 들었겠지만 그만큼 섬세하고 정중하며 다정한 인사를 건네는 사람은 나에게 없었다.

키다리 아저씨의 그런 열렬한 응원 덕분에 나는 남들보다 조금 늦었던 30대에 영화 공부를 무사히 마칠 수 있었다. 아직도 아저씨에게 졸업 작품은 보여드리지 못했지만, 이제는 영화를 함께하는 동료는 아니지만, 아저씨에게 평생 은혜를 갚으며 살아가겠다는 생각에는 변함이 없다. 스물여덟 살 그때나 지금이나 영화가 왜 좋은지 스스로에게 설명할 수가 없다. 나는 어떤 영화가 좋은 영화인지 알지 못한다. 그렇지만 내 마음을 움직이게 하는 영화에게 이끌리고, 그 영화를 보면서 만든 사람의 진심을 알게 만드는 힘이 있는 영화를 좋아한다. 키다리 아저씨에게 영화는 '세상과 만나는 방법'이라고 했다. 영화가 좋았고, 그래서 영화에 대해 글을 쓰게 되었고, 이젠 영화감독이 되었으며, 영화제를 통해 수많은 감독과 만나는 지독한 영화광 정성일. 그는 나에게 영원한 키다리 아저씨다.

4장
★
인생 여행자를 위한
일곱 가지 영화 목록

이터널 선샤인 · Eternal Sunshine of the Spotless Mind
2004

걸어도 걸어도 · 歩いても 歩いても
2008

마지막 4중주 · A Late Quartet
2012

소공녀
2017

싱 스트리트 · Sing Street
2016

소수의견
2013

아멜리에 · Le Fabuleux destin d'Amélie Poulain
2001

오늘을 잊은 그대에게 바치는 영화
〈이터널 선샤인〉

기억을 지우면 아픔도 함께 사라질까? 한 번쯤은 상상해본 적이 있었을 것이다. 감히 나의 인생 영화 중 하나라고 할 수 있는 미셸 공드리 감독의 〈이터널 선샤인 Eternal Sunshine of the Spotless Mind, 2004〉은 '오랜 시간 동안 고통을 이겨가며 조금씩 망각해가는 과정을 생략하고, 하룻밤 사이에 나를 아프게 했던 기억들을 모두 지워버릴 수 있다면 과연 행복해질까?'라는 질문에 대한 답을 보여주는 영화다.

기억을 지워주는 회사인 '라쿠나'에서 서로에 대한 기억을 지워버린 연인, 조엘과 클레멘타인의 스토리는 아마 동서양을 막론하고, 모든 커플을 대표할 수 있는 이야기가 아닐까? 누구나 연인과 다투고 힘든 상황을 겪게 되며, 관계에 권태를 느끼게 되기도 하지만 또 그 관계가 깨졌을 때의 고통은 두려워한다. 이 모든 상황과 감정은 분명 그와 또는 그녀와의 기억이 있기 때문일 것이다.

 우리는 각자 저마다의 방식으로 누군가를 사랑하고, 사랑하기를 원하고, 사랑받기를 원한다. 하지만 종종 그 사랑에 실패하고, 상처받고, 아파한다. 조엘도, 클레멘타인도, 매리도 그랬다. 이 작품은 이렇게 모두가 공감할 수 있는 '나'의 이야기를 담았다. 조엘은 클레멘타인과의 지루한 연애를 끝내고 싶었을 뿐이었다. 하지만 클레멘타인과 사랑을 나눴던 때가 다시 떠올랐을 땐 "이 기억만은 남겨주세요"라고 말한다. 꽁꽁 언 찰스강에 누워 함께 밤하늘을 바라보았던 기억에서 비로소 그는 자신의 선택이 잘못되었음을 깨닫는다.

 영화는 기억을 지우는 것으로는 아무것도 해결할 수 없으며, 자신의 고통과 마주 볼 수 있어야 한다는 것, 그랬을 때 우리가 관계의 문제에 본질적으로 다가갈 수 있다는 것을 계속해서 말하고 있다. 조엘의 간절함 때문이었는지, 몬탁에서 조엘과 클레멘타인은 다시 만날 수 있었다. 조엘과 클레멘타인보다 더 일찍 기억을 지웠던 매리는 자신의 감정까지는 지우지 못해 계속해서 라쿠나의 대표 하워드 박사의 주변을 맴돌았고, 또다시 유부남인 그를 좋아하게 되고 만다. 하워드 박사의 부인을 통해 자신이 같은 이유로 기억을 지웠었다는 사실을 알게 되면서 충격을 받아 마음을 정리하고, 자신의 아픔을 받아들이기로 한다.

조엘과 클레멘타인에게는 다시 한번 사랑을 할 기회가 생겼고, 매리는 성숙한 이별을 할 수 있게 된 것이다. 이 영화에는 SF적인 요소가 다분히 많음에도 로맨스 드라마로 사랑받는 이유는 사랑이라는 감정에 대해 주인공들이 벌이는 행동들이 너무도 애절하고, 또 한편으로는 바보 같지만 용기도 있기 때문이라고 생각한다. 따라서 이 영화 안에서 두 주인공과 관객이 갈망하는 로즈버드는 '몬탁(Montauk)'이 될 것이다. 내가 잊고 있던 기억을 다시 찾을 수 있는, 내가 사랑하는 사람을 다시 만날 수 있는, 그와 처음 만났던 해변이 있는, 그녀와의 미래를 약속한 집이 있는 곳. 그곳이 '몬탁'이기 때문이다.

기억이 강제로 지워진다는 것은 어떤 느낌일까? 일반적으로 우리가 잊는다, 잊힌다는 개념을 묘사할 때, 기억이 흐릿해진다는 표현을 쓴다. 시각적으로 묘사한다면 점점 화면이 어두워지거나, 초점이 나간 듯 흐릿한 장면이 연출될 것이다. 하지만 조엘과 클레멘타인은 많은 기억을 강제로 지웠다. 영화 속에서 기억을 지우는 일은 아이러니하게도 그 기억들을 하나씩 모두 꺼내어 확인하는 일에 가까웠다. 그래서 미셸 공드리 감독은 이 과정을 세상이 무너지고 조각나고 점차 사라지는 파괴의 방식으로 묘사했다. 조엘의 꿈속, 클레멘타인을 데리고 도망치는 장면에서 갑자기 사라지는 주변 사람들, 꺼지는 전등, 무너지는 지붕과 벽 등은 조엘의 기억이 사라진다는 것을 극적으로 보여주는 동시에 영화의 긴장감을 고조시키기에 매우 탁월한 미장센이다.

기억을 지운 두 사람이 몬탁에서 돌아와 첫 번째로 들르는 곳이 바로 찰스강이다. 꽁꽁 언 찰스강 위에 누워 있는 조엘과 클레멘타인의 장면에선, 언뜻 보면 조엘이 우려했듯 빙판 위에 금이 가서 위태로워 보이기도 한다. 하지만 다시 금의 중심에서 비껴가 있는 둘의 위치를 보면, 금이 간 관계 위에서도 용기 있게 다시 사랑하리라는 것을 보여주고, 둘의 미래를 기대하게 한다.

"그냥 음미하자(Enjoy it)."

서로를 처음 만난 이 순간마저 지워질 텐데 어떻게 할 거냐는 기억 속 클레멘타인의 물음에 조엘이 하는 대답이다. 기억이 지워지는 것을 더 이상 막을 수 없으므로, 마지막 남은 기억만은 음미하자는 조엘의 말은 나에게 그녀를 잠시나마 추억하고 싶은 그의 간절한 외침으로 들렸다. 결국, 그는 그녀에 대한 기억이 모두 소중한 것임을 깨달은 것이다. 아마 클레멘타인 또한 그의 기억을 지우는 과정이 매우 고통스러웠을 것이다. 나쁜 줄만 알았던 그와의 기억 속에 좋았던 기억들 또한 자리하고 있었을 테니.

우리는 흔히 나를 괴롭게 하는 기억만 없으면 더 이상 내가 고통받지 않을 것으로 생각한다. 하지만 나는 이 작품을 통해 그 생각을 의심해본다. 기억은 생각보다 더 불안정한 경우가 많다. 라쿠나의 기술 없이도 실제로 우리는 꽤 많은 기억을 잊으며 살아가고 있고, 상황에 따라 기억은 왜곡되기도 한다. 하지만 그때의 감정과 느낌은 잔상처럼 마음에 남아 쉽게 지워지지 않는다. 라쿠나도 지울 수 없는 것, 지우고 싶어도 지울 수 없는 것이 있다면 그것은 우리의 감정일 것이다. 그 감정이 좋은 것이든 나쁜 것이든 간에 그것은 우리 안에 깊숙하게 존재하고 있기 때문이다. 결국 어떤 일에 대한 나의 감정과 그것을 만든 기억 모두가 나를 이루는 것이기 때문에 '나' 그 자체이고, 이 영화에서 묘사된 것처럼 곧 '나의 세상'이 되는 것이다.

기억할 수 있다는 것은 축복이다. 진짜 나를 위한다면, '나의 세상'이 아름다워지기를 원한다면, 그 세상을 슬프다고 괴롭다고 파괴하지 말자. 죽을 것처럼 고통스럽더라도 있는 그대로를 음미하고 받아들이는 것, 그리고 다시 나의 세상에 좋은 기억을 만들어주는 것. 행복하고 아름다운 감정을 느끼게 하는 것, 그것들이 바로 나를, 우리를 위한 것이 될 수 있지 않을까?

마음의 아픔을 치유하는 영화
〈걸어도 걸어도〉

　가족이란 무엇일까? 일본의 영화감독이자 배우 기타노 다케시는 '가족이라는 건 누군가 안 보는 사이에 쓰레기통에 버리고 싶은 존재'라고 했다. 내가 세상에 태어나면서 가족을 선택한 것이 아니라 선택된 것이고, 이미 세상 밖으로 나왔는데 그 가족이 마음에 들지 않는다고 다른 가족을 선택할 수도 없는 노릇이다. 자녀가 부모를 선택할 수 없었듯이 부모도 마찬가지 아닐까?

　어떤 관계는 의견 충돌로 크게 싸우고 나서 그만큼 더 가까워지기도 하지만 또 어떤 관계는 그런 특별한 사정이 없이도 조금씩 멀어지다 영영 다시는 회복할 수 없는 관계가 되기도 한다. 세상에 완벽한 인간관계란 것이 존재할 수 있을까? 그것이 특별히 가족이라면? 가족이니까 더 상처를 주고 상처를 받을 수 있는 관계, 가족이라서 희생을 강요받고, 가족이라는 이름으로 행해지는 폭력과 횡포. 우리에게 가족의 의미란 나이를 먹을수록, 세상을 살아갈수록 단순하게 정의를 내릴 수가 없는 것이다.

고레에다 히로카즈 감독의 〈걸어도 걸어도 步いても 步いても, 2008〉는 아무리 걸어도 서로에게 닿을 수 없는 가족 간의 눈에 보이지 않는 마음의 거리를 눈에 보이는 것으로 스크린에 투영한다. 특별하지 않고 여느 가정에서나 볼 수 있는 익숙한 풍경처럼 친숙하고, 가족이란 이름의 우리들의 민낯이 포장되지 않은 채 그대로 들어 있다.

요코야마 집안 가족들은 장남 준페이의 기일을 맞아 한자리에 모인다. 준페이는 15년 전 물에 빠진 소년을 구하려다 목숨을 잃었다. 형에게 콤플렉스를 가진 둘째 아들 료타, 남편과 아이들과 함께 친정에서 살려는 딸 지나미는 일단 집에 모이지만 그 분위기가 화목하지만은 않다. 겨우 결혼한 료타의 아내는 전남편과 사별한 과거를 지녔고, 딸의 엄마에 대한 배려는 엄마의 본심과 한참 어긋나 있다. 15년 전의 죽음과 쉽게 풀어지지 않는 가족들 사이의 작지만 무거운 기억들이 서로 충돌한다.

고레에다 히로카즈 감독의 영화에서 카메라는 항상 죽음 이후를 찍는다. 혹은 어떤 일을 계기로 무언가를 상실한 사람의 이후 사정을 좇는다. 어쩌면 그의 영화는 죽음이나 상실 그 자체를 애써서 피하려는 것일까? 고레에다 히로카즈 감독의 영화에서 중요한 건 어떤 사건이 남긴 잔해와 파장이고 그 공간에서 계속 살아가는 사람들과의 관계다. 이 영화도 역시 죽음의 15년 뒤를 그린다. 큰아들 준페이가 죽은 지 15년이 된 어느 여름날을 배경으로 한다. 한자리에 모인 가족들은 그동안 어떻게 지내왔는지, 그리고 현재 어떻게 얽혀있는지가 그들의 대사와 감정을 통해 드러난다. 여기서 가족이란 존재 자체를 심각하게 묻는다. 가족 간의 죽음은 항상 삶의 어딘가에 깊숙이 묻혀 있는 것이기 때문에 그러다 터져 나오는 가족들 사이의 오해와 갈등은 죽음을 넘어선다.

첫 번째 갈등은 가족의 장남 준페이의 죽음이다. 그것도 타인의 생명을 구하기 위해 대신 지불된 아들의 죽음은 부모에겐 평생 잊을 수 없는 마음의 상흔으로 남았다. 두 번째는 차남 료타의 가출과 결혼 문제이다. 의사였던 아버지의 가업을 이어받은 장남의 그늘에 가려져 늘 관심 밖이었던 료타의 가출은 안 그래도 못마땅해하는 아버지의 심기를 더욱 건드리는 계기가 된다. 게다가 띄엄띄엄 한 번씩 집에 들르느라 본가도 제대로 찾아가지 못하는 료타가 결혼을 하겠다며 데려온 당사자는 엄마의 표현을 빌리자면, '고르다 고른 게 하필 애 딸린 중고'이다.

 그들은 가족이지만 서로 다른 꿈을 꾼다. 아니 가족이기에 서로 다른 꿈을 꾼다. 아들은 늘 아버지의 기대에 부응하지 못해 불편하고 아버지는 장남도 떠난 마당에 여전히 제 역할 못 하는 둘째 아들이 성에 차지 않는다. 가족들 간에 직접적이고 물리적인 폭력은 없지만 그 이상의 불편함이 내재하는 이 영화 속 가족의 상황은 모두가 자신의 입장에서 상대를 바라보고 해석하는 불편한 속내와 시선들로 가득 차 있다.

이 작품에서 제일 감동적이었던 장면은 집 안에 잘못 들어온 나비를 문을 열어서 나가게 하려는 가족들과 엄마의 신이다. "무덤에서 따라왔구나. 그렇지? 문 열지 마. 준페이일지 몰라" 하는 엄마와 "어서 쫓아버려" "창피하게 그만해" "엄마 진정하세요" 하는 사이에서 반가움에 나비를 향해 허공에 손을 휘젓는 엄마. 허공을 가르던 나비는 제사상 위에 놓인 장남의 사진 액자에 내려앉는다. "거봐 준페이야. 할머니 17주기 제사 때도 밤인데 나비가 왔었어."

　우리는 누구나 내 생각, 나의 입장이 우선인 지극히 이기적인 존재들이고, 그런 자신의 렌즈로 바라보는 상대는 그 대상이 가족이라고 할지라도 그저 어쩔 수 없는 타인에 불과하다. 선택하지 못하고 선택된 관계들, 죽을 때까지 가족이라는 이름으로 살아가는 존재들. 나는 영화 〈걸어도 걸어도〉를 보고 나오며 먼저 하늘나라로 갔던 작은 조카를 나비처럼 보내줄 수 있게 되었다.

# 나와 너 우리 그리고 관계의 이야기 영화 〈마지막 4중주〉

나에 대해서, 나 자신을 설명하는 글을 써야 하는 순간이 있었다. 내가 누구보다 나에 대해 잘 알고 있다고 생각하지만 막상 나를 표현하는 단어들을 찾으려니 막막했다. 내가 생각하는 나는 내가 좋아하는 나일까? 남들이 좋아하는 나일까? 내가 바라는 나일까? 이러한 생각들로 정리가 되지 않아서 가까운 사람들에게 나를 정의할 수 있는 단어가 있는지 물었다. 다양한 단어들이 나오기도 했고, 중복되는 단어들도 있었다. 그중에 하나 '관계에 정성 들이기'라는 메시지에 반갑기도 하고 그 사람에게 고맙기도 한 마음이 들었다. '내가 그런 사람이구나, 누군가에게 나는 그런 사람으로 비치기도 하는구나'라는 생각이 들었다.

'관계'가 만들어내는 '화음'에 대한 영화가 있다. 야론 질버맨 감독의 〈마지막 4중주 A Late Quartet, 2012〉라는 영화를 관계가 힘들었던 어느 날, 역시 살면서 관계가 제일 어렵다고 말하곤 하는 친구와 함께 보았다. 사람이라면 누구나 세상을 살아가면서 관계를 맺기 마련이다. 특별한 경우를 제외한 대부분의 사람은 타인과의 관계를 통해서 인생을 배우기도 하고 성장하며 살아간다. 태어나서 처음으로 속하는 사회인 가정에서부터 학교까지만 생각하더라도 그 속에서 수많은 관계가 생성된다. 엄마와 아빠에서 부부, 엄마와 딸, 딸과 아빠, 자매, 사제, 친구, 동료…….

결성 25주년 기념 공연을 앞둔 세계적인 현악 4중주단 '푸가'. 푸가는 가정이라는 최소 단위의 사회를 지나 마주치는 또 다른 작은 사회이다. 네 사람은 연주단의 동료, 선후배를 넘어 스승과 제자, 돌아가신 어머니의 옛 동료로 아버지 같은 존재, 옛 연인, 부부, 친구 등으로 서로 얽혀 있다. 25년간 조화롭게 운영되던 푸가의 공연은 지금까지 성공적이었다. 엄격하고 정확한 제1 바이올린, 제1 바이올린의 독주를 돋보이게 하면서도 스스로 두드러지지 않고 조화롭게 연결하는 제2 바이올린, 바이올린에 없는 깊이를 더해주는 비올라, 거기에 이들을 모두 감싸 안는 첼로까지. 그 소리가 어울려 감동의 하모니를 관중들에게 선사해왔다.

그러나 그들 내에서 음악적, 정신적 멘토 역할을 하던 첼리스트 피터가 파킨슨병에 걸리면서 4중주단에 균열이 생기기 시작한다. 균열이 생기는 건 그들의 연주만이 아니다. 그들의 삶도 조금씩 갈등이 드러나기 시작한다. 각별했던 네 명의 관계가 삐걱거리기 시작한 것이다. 네 명의 연주자 모두 음악으로 치면 불협화음을 내기 시작한 것이다.

비올리스트 줄리엣의 옛 연인(제1 바이올린)과 현재 남편(제2 바이올린)인 두 남자 사이의 오랫동안 쌓인 갈등에서부터, 남편 로버트의 외도로 인한 줄리엣 부부의 이혼 위기, 두 사람의 딸 알렉산드라의 반항과 엄마의 옛 연인이자 본인의 스승인 제1 바이올리니스트 다니엘과의 연애까지.

거기에 더해 25년간 제2 바이올리니스트로 연주해오던 로버트는 자신도 제1 바이올린을 연주해보겠다며 역할 바꾸기를 주장하고 나선다. 다니엘이 주도해온 한결같고, 작가의 의도에 충실한 연주보다 새로운 연주를 해보고 싶다는 것이었다. 작가의 의도와 지시로 빼곡한 악보를 덮고 열정에 의지해서 연주해보자고 제안한다.

> "우리 초반에 어땠는지 기억나? 사소한 것까지 논쟁했어. 활 쓰는 법 하나 놓고도 서로 죽일 듯 싸웠다고. 난 그때가 그리워. 그렇게 흥분했던 때가 얼마나 그리운지 몰라."

로버트는 그 한결같음에서 벗어나, 새로움에 설레고 싶다는 것이다. 그리고 자신이 지금까지 전체 팀의 조화를 위해 참아왔던 제2 바이올린의 역할에서 벗어나 제1 바이올리니스트로 나서고 싶다는 것이다.

네 사람 모두 혼란에 빠지고 서로 부딪치며 상처를 내고 해결의 실마리를 찾지 못한 채 괴로워한다. 그때 피터가 마지막 무대의 연주곡으로 '베토벤의 현악 4중주 14번'을 제안한다.

"베토벤은 이 곡을 쉼 없이 연주하도록 지시하는데, 이는 연주자들이 중간에 튜닝을 다시 맞출 수 없다는 것을 의미한다. 연주하는 동안 악기의 튜닝은 풀리고 하모니는 엉망이 된다. 그럼 어떻게 할 것인가? 연주를 그만둘 것인가? 아니면 모두가 불협화음이라도 필사적으로 서로에게 맞추려고 노력해야 할까?"

영화 초반 피터가 가르치는 학생들에게 했던 이야기다.

인생은 생각하는 것처럼 항상 평탄하게 술술 풀려가지 않는다. 때로는 이리저리 뒤엉켜 어디서부터 어떻게 풀어야 할지 모를 때도 있다. 나는 살면서 사람과의 관계에서 오해가 생기면 그 오해를 풀고 이해시키고 화해하기보다 관계를 끝내버리는 편이 편하다고 생각했던 때도 있었다. 우리의 삶은 쉬지 않고 40분 이상 연주해야 하는 베토벤의 현악 4중주 14번처럼 힘이 든다고 잠시 멈춤 버튼을 누를 수 있는 것도 아니다. 여러 가지 갈등과 고통이 한꺼번에 몰려와도 조율할 수 있는 정해진 답이 있는 것도 아니다.

2002년 꽤 유명했던 밴드를 거쳐 솔로 피아니스트로 활동하고 있는 오랜 지인에게 물었다. 여럿이 함께 맞추어 소리를 내야 하는 음악의 생명은 무엇이라고 생각하느냐고.

그는 잠시 생각하는 듯하더니 망설이지 않고 이야기했다.

> "조화와 균형이라고 생각해요. 내가 엄청나게 뛰어난 솔로 실력을 갖추고 있더라도 하나가 되는 순간 다른 사람의 소리를 듣고 크기를 낮추고 공백을 채우고 조화와 균형을 이루어야 한다고 생각합니다."

현악 4중주단 푸가는 불협화음을 이겨내고 그들의 '마지막' 4중주에서 베토벤 현악 4중주 14번을 연주하게 된다. 피터는 연주가 시작되자 얼마 지나지 않아 자신이 더 이상 연주를 할 수 없음을 관객들에게 정중하게 고하는 인사와 함께 새로운 첼로 연주자를 그 자리에 세워서 계속 연주를 이어간다. 아름다운 이 장면에서부터 눈물이 흐르기 시작했다. 영화가 끝나고 엔딩 크레딧이 끝날 때까지 연주는 계속되는데 자리에서 일어나는 사람은 아무도 없었다.

우리는 소중한 사람들과 관계의 지속을 위해 어떻게 해야만 할까? 야론 질버맨 감독의 말대로, 오랜 세월 친밀한 관계를 맺어온 사람들 사이에는 복잡한 갈등과 불협화음이 생기기 마련이고 그 불협화음조차 인생의 한 악장이다. 우리는 매일매일 인생의 새로운 악장을 연주하고 있다. 악보를 덮고 완벽하게 연주할 수 있는 그날까지 계속해서 화음을 만들어내야만 한다.

현실보다 아픈 판타지 영화
〈소공녀〉

500만 원으로 시작했다. 2001년에 다니던 직장을 때려치우고 노량진 정진학원 종합반에 등록하던 날, 내 통장에는 딱 500만 원이 있었다. 수능까지 7개월간 학원비, 교통비, 밥값으로는 충분했다. 십수 년이 지난 지금이라도 엄마가 아신다면 그 당시의 나를 향해서 얼마나 한심한 눈으로 쳐다보실까 싶지만, 그때는 충분히 만족스러운 출발이었다. 학원가의 물가는 저렴한 편이어서 아침 일찍부터 학원에서 공부하다 점심을 먹고 저녁까지 먹어가며 마지막 지하철을 타고 부천 집에 오면 다른 데 돈을 쓸 시간이 없어서 계획적인(?) 소비가 가능했다. 마이너스의 삶.

문제는 무시무시한 2002 수능을 망친 그 이후에 있었다.

원하던 한·중·동 영화과 진학에 실패하고 천안에 소재한 대학에 가야 할 상황이었다. 첫 학기 등록금부터 100만 원이 모자랐다. 회사를 그만두고 예산을 짤 때는 비싼 예술대 등록금까지는 미처 생각하지 못했다. 모자란 100만 원은 친한 친구에게서 빌렸다. 그렇게 시작된 대학 생활, 내가 오랫동안 꿈꿔왔던 영화 공부의 시작이었다. 내 꿈에 한 걸음씩 다가가는 만큼 내 빚은 그보다 빠른 속도로 늘어나기 시작했다. 안양에서 천안까지 버스나 기차로 통학하는데 하루에 차비만 만 원이 넘고, 매일 점심을 먹고 어쩌다 커피, 가끔 영화관람, 수많은 과제와 끝이 없는 책값 등등.

주중에 도저히 시간을 낼 수 없어서 주말 아르바이트부터 시작했다. 주말에 돈을 많이 주는 곳이 어디인지 선배들의 조언을 들었다. 집 전화기 옆에 전화번호부를 펼쳐놓고 역 근처 예식장 수십 곳에 모두 전화를 돌렸다. 그들은 스물아홉 살 대학생이 뭘 가리고 무엇을 못 한다고 판단했을까? 아무거나 시켜주면 되는데, 예식장마다 나이부터 묻고는 할 일이 없다고 대답했다. 왜 나이부터 묻지? 아르바이트에 나이가 왜 필요하지? 그때는 그렇게 세상을 몰랐다. 나이를 따지지 않던 예식장 뷔페에서 몇 주, 패밀리 레스토랑에서 설거지 몇 주⋯⋯. 그렇게 전전하다 대학 생활 첫 번째 여름방학이 되었고 꿈에 그리던 아르바이트를 시작하게 되었다. 일한 지 한 달이 지나면 근무 시간 외에 언제든 영화를 마음껏 무료로 볼 수 있는 곳. '영화 그 이상의 감동 CGV'.

전고운 감독의 영화 〈소공녀 2017〉는 3년째 가사도우미를 하며 살아가는 미소가 주인공이다. 그녀의 행복은 하루 한 잔의 위스키, 담배 그리고 남자친구. 추운 겨울에도 보일러를 틀지 못하고 옷을 두껍게 껴입고 남들이 누리는 평범한 생활과는 조금 거리가 있는 삶을 살고 있다. 그런데도 그녀는 자신의 삶과 일상, 일에 나름대로 만족하며 살아가는 듯 보인다. 가사도우미를 하면서 매일 비싼 위스키 한 잔과 담배라니, 어쩌면 많은 사람들이 이해하기에는 다소 이해가 안 되는 그녀의 삶. 조금은 이상해 보이지만 그래도 행복해 보이기도 한다. 하루 벌어 하루 사는 삶. 그럼에도 그녀는 집세도 약값도 매일 조금씩 모으며 살아간다. 그러다 새해가 되면서 담뱃값이 두 배로 오르고 월세를 올려달라는 집주인의 말에 그녀의 삶에 조금씩 금이 가기 시작한다. 더 이상 현재의 삶을 유지하지 못할 상황에 몰리게 되자 미소는 과감하게 집을 포기한다.

CGV에서의 아르바이트는 매점, 매표, 플로어로 크게 나뉘고 그 외 영사실, 전화 상담, 정산실 등이 있었는데 무척 재미있었다. 그 당시 스태프가 150명 정도 되는 큰 극장이었는데, 아침이나 오후에 근무하는 것보다 저녁에 근무하면 밤 10시 이후에 시급이 1.5배가 되고, 새벽에 일을 마치니 택시비도 지급이 돼서 마감 근무가 꽤 쏠쏠했다. 물론 새벽에 택시는 타지 않고 스태프 룸에서 첫차를 기다렸다가 타고 다녀서 택시비도 절약이 됐다. 그렇게 일해서 첫 달에 시급 2,500원으로 100만 원이 넘는 월급을 받았다. 아르바이트로 100만 원이라니⋯⋯. 이렇게 매달 돈을 벌게 된다면 학기 중에 힘들게 살지 않아도 될 것만 같았다.

영화에서 미소는 짐을 싸며 대학 시절 사진 한 장을 발견하고, 밴드 멤버들에게 차례로 연락하기 시작한다. 문영은 만약을 위해 따둔 조무사 자격증 덕에 휴게실에서 스스로에게 포도당을 놓아가며 번듯한 회사에 다니고 있다. 한편 자신의 요리 실력을 탓하고 너무 오랫동안 시험을 준비하는 남편과 시댁에서 복닥복닥 살아가는 현정의 삶은 어쩌면 정반대이다. 그녀는 갑자기 찾아온 미소를 반기며, 미소의 자취방에서 새벽까지 술을 마시던 시절을 떠올리다가도 요즘도 곡을 쓰냐는 미소의 질문이 닿기도 전에 잠들어버린다. 대용은 결혼에 실패한 채 엉망이 된 집에서 살고 있다. 문을 걸어 잠그고 술과 담배에 기대어 사는 그조차 출근하는 날 아침에는 영락없이 멀끔한 회사원의 모습이다. 평생을 갚아나가야 하는 아파트와 8개월 만에 헤어진 아내의 기억 속에 갇혀 있다. 록이는 부모의 바람대로 결혼을 하고 싶어 하고, 마침 적절한 상대로 보이는 미소에게 온 가족은 깜찍한 계략을 세우지만 실패하고 만다. 정미는 부잣집 며느리로서 해야 할 역할에 반쯤 정신을 놓은 채 몰입하고 있다. 시간이 지나도 떠나지 않는 미소를 뻔뻔하게 생각하며, 집도 돈도 없는 미소가 담배와 위스키를 즐기는 것을 못마땅하게 생각한다. 정미는 결국 품위를 잃지 않는 목소리로 미소에게 나가줬으면 한다고 통보한다.

CGV 마감 근무로 밤을 꼬박 새우고 첫차 타고 바로 학교로 가서 꾸벅꾸벅 졸다 수업을 마치면 다시 CGV로 가는 생활은 몸과 마음에 많은 상처를 입은 채 9개월 만에 그만두었다. 그 후로 방학 때마다 아르바이트를 했지만 고가의 등록금과 단편 영화 제작비, 용돈을 감당할 수가 없었다. 어쩔 수 없이, 아니 신청을 해도 안 되는 동기들이 있었으니 감사하게도 1학년 2학기부터 4학년 2학기까지 학자금 대출을 계속 받았다. 학생처 직원의 조언대로 등록금을 2년간 갚아가는 단기 상환부터(내 인생에 독이 될 줄 그땐 몰랐다) 졸업 후 2년 뒤부터 7년간 갚아가는 장기 상환까지. 4년을 공부하려고 도대체 얼마나 많은 청춘을 갈아넣었던 것일까?

〈소공녀〉에서 미소는 집 구하기를 포기하고 한강 주변에서 텐트를 치며 사는 것으로 영화는 마무리되지만 그녀의 여정을 통해서 평범하게 살아가는 사람들이 과연 얼마나 행복하게 사는 것인지 돌아보게 한다. 우리가 쉽게 '행복'이라고 말하는 것들은 얼마의 돈이 필요한 것인지, 그 행복의 기준이라는 것은 누가 어떻게 만들어놓은 것인지, 입고 먹고 살고 머무는 것이 행복의 요소보다 앞설 수 있는 것인지 생각해보게 된다. 이 작품을 보며 나의 학창 시절과 달라진 것 없는 현실에 씁쓸하면서도 어쩌면 현실보다 아픈 판타지 영화라고 생각되었다. 이 시대에서 희망의 부재와 힘겨움을 걸러내고도 자존감을 놓치지 않는 주인공과 감독의 시선 덕분에 어설프게 청춘의 고달픔을 담는 영화보다 〈소공녀〉가 더 빛이 났다.

어른이 처음인 당신을 위한 영화
〈싱 스트리트〉

    밴드 '언니네 이발관'을 20년 가까이 좋아하고 있다. 2017년 여름 그들은 마지막 앨범이라며 6집 앨범을 발매하고 돌연 은퇴를 선언했다. 그러나 나에게 언니네 이발관은 과거형이 아니라 언제나 현재진행형의 최고의 밴드이다. 누구도 따라 할 수 없는 감성의 보컬과 폭발하는 듯한 기타 연주, 그들의 섬세한 가사와 곡들을 사랑했다. 한때는 내 삶의 중심이었고 나의 20대부터 지금까지 내 삶의 한쪽 편을 단단히 자리 잡고 있는 밴드 언니네 이발관. 이발사 중에서도 특히 리더이자 보컬 이석원을 좋아했다. 그의 음악뿐 아니라 그의 말과 글, 생각, 가치관, 취향까지……. 그가 좋아하는 영화를 보고, 성북동에 그가 자주 가는 빵집과 맞선을 봤다는 찻집과 길상사까지 찾아가며 그의 체취를 따라다녔다. 오래전에 신문 기사로 접했던 그가 다니던 미용실이 그저 궁금해서 찾아가 꽤 오랫동안 단골손님이 되기도 했었다.

그랬던 그가 전업 작가가 되어 감성적인 글쓰기로 소설과 산문집 등 여러 권의 책을 발간하며 엄청난 인기를 얻고 있다. 내가 좋아하는 영화와는 직접적인 상관관계가 없었던 그가 영화를 소개하고 관객과의 대화를 진행한다고 해서 영화 〈싱 스트리트 Sing Street, 2016〉를 보러 갔다. 〈원스〉, 〈비긴 어게인〉을 만들었던 존 카니 감독의 작품이다. 두 영화 모두 좋아했었는데, 이번 영화는 그의 자전적인 작품이라고 하니 더 기대되었다.

〈싱 스트리트〉는 처음 만난 사랑을 위해 처음 만든 곡을 연주하는 고등학생들의 성장기 영화이다. 정말 사랑스럽고 매력적이면서 가슴 뛰게 하는 팝 음악까지 가득하다. 1980년대 아일랜드에서 경제적으로 어렵고 깨어지는 가정, 희망이 보이지 않는 현실, 시대는 다르지만 현재의 한국의 모습과도 크게 이질적이지 않아서 공감이 되고 그 음악들에 더 열광할 수 있었다.

20대 후반의 나는 스스로 어른이라고 생각하지 않았다. 롯데백화점 본점 만년필 매장에서 근무하고 있었는데, 서태지와 아이들 노랫말처럼 '지금 자신의 모습은 진짜가 아니라고 말한다'였다. 나는 꿈이 있고, 언젠가는 하고 싶은 공부를 할 것이고, 그 꿈을 이루어 큰돈도 벌겠다고 생각했다. 언젠가는……. 그러다 더 좋은 조건으로 인천공항 면세점에서 일하는 게 어떠냐는 제안을 받았다. 연봉도 훨씬 더 많이 주고 더 좋은 근무 환경을 제시했다. 몇 년을 더 일하더라도 그 연봉은 받기 어려울 거라고도 했다.

'생각한 대로 살지 않으면 사는 대로 생각하게 된다'라는 말이 있다. 나는 그때 생각했다. 내가 이대로 꿈을 미루고 살다 보면 앞으로 나는 딱 그 정도로 살고 있겠구나. 그 매력적인 제안을 거절하고 그동안 미루었던 대학 입시 준비를 위해 회사를 그만두었다. 오랫동안 하고 싶던 영화과 진학을 위해서 노량진 정진학원 종합반에 등록했다. 시커먼 남자애들과 함께 예비역이라는 소리를 들으며 나이 많은 장수생 언니가 되었다. 근거 없는 자신감으로 8년 동안 쉬었던 머리를 다시 돌리면 따라갈 수 있을 거로 생각했지만 쉽지 않았고,

수능은 모의고사보다 훨씬 더 못 봤다. 가고 싶던 한양대, 중앙대, 동국대 영화과는 아니었지만, 그래도 4년제 대학의 영화과에 진학했다.

스물아홉 살에 02학번으로 새로운 삶을 시작하게 되었다. 아침 아홉 시부터 다섯 시 반까지 수업을 듣고, 천안에서 서울로 오면 바로 CGV로 아르바이트를 하러 갔다. 극장에서 핫도그로 간단히 저녁을 때우고 밤을 새워 정산 마감 근무를 하고 첫차를 타고 집으로 갔다. 그대로 바로 씻고 다시 화장하고 스쿨버스를 타고 학교로……. 그러니까 잠은 천안과 서울로 오가는 고속버스에서만 잤던 것이다. 그땐 정말 졸려서 죽을지도 모른다고 생각했다. CGV에서 나보다 더 열심히 사는 사람 있으면 나와 보라고 대결하듯이 한 달에 200시간씩 일하며 학교에 다니던 때였다.

〈싱 스트리트〉의 결말에서 할아버지가 남겨준 작은 배를 타고 런던으로 떠나는 주인공들을 보면서 '과연 런던까지 무사히 갈 수 있을까? 그들이 꿈을 이룰 수 있을까?' 생각하며 2002년 그때의 내가 생각이 났다. 조금 힘들었고 무모하게도 생각되었지만 무조건 꿈을 향해서 나아갔던 그때. 영화는 애덤 리바인의 노래로 끝이 나는데 '지금 가지 않는다면, 너는 절대로 갈 수 없어'라는 가사가 여러 번 나온다. 주인공과 나에게 하는 말 같은 가사. 2016년에 다시 생각하는 나의 '2002년의 시간들'.

음악을 좋아하고 그러다 그 뮤지션을 좋아하고 공연을 찾아다니던 나의 모습을 보고 누군가는 '소녀' 같다고 했었다. 그게 비아냥거림이든 진심이든 상관없다. 어떤 대상을 미친 듯이 좋아해 보지 못한 사람의 인생에서 그만큼의 뜨거움과 감동은 덜할 테니까, 라고 생각하는 편이다. 나는 이제 특별한 사람이 되고 싶은 '가장 보통의 존재' 그런 어른이 되었다.

함께 살아가기 위한 영화
〈소수의견〉

　친해와 나, 우리는 영화 친구였다. 더 정확히 말하자면 프리챌이 회원 1000만 명에 100만 개가 넘는 커뮤니티를 거느리던 시절, '니나노'라는 커뮤니티에서 만났다. 그 시절에 우리는 매달 정모를 명목으로 영화를 자주 관람했다. 종로2가 코아아트홀 맨 뒷줄에서 바닥에 발이 닿지 않은 채 대롱대롱 매달려 영화를 보고, 피맛골에서 소주를 마시며 영화와 인생을 이야기했다. 오랜 영화 친구에서 집회에 함께 다녔던 친구, 이제는 맛집을 공유하는 친구, 평생 친구가 될 친해. 그 친구와 내가 잠시 한 공간에서 일했던 적이 있다. 2006년 1월 26일 한국 정부가 한미 FTA 협상의 전제조건으로 스크린쿼터 축소를 내걸었던 미국의 요구를 전격적으로 수용함으로써 연간 국내영화 상영 일수를 146일의 절반인 73일로 축소하겠다고 발표했다. 그때 우리는 스크린쿼터 비상대책위원회에서 함께 일을 했다.

그 당시 우리는 영화계 다양한 분들과 함께 일할 기회가 많았는데 그때 맺었던 소중한 인연의 초대로 영화 〈소수의견 2013〉의 촬영장에 갔던 적이 있다. 영화 〈소수의견〉은 실화는 아닌데 그렇다고 소설도 아닌 영화이다. 아현동 뉴타운 재개발을 위한 강제철거 현장에서 경찰이 철거 측 용역 직원들과 함께 농성하는 철거민들을 진압하고 철거민들은 강력하게 항의한다. 이 가운데 철거민 박재호의 중3 아들이 숨지고, 진압에 투입된 의경이 사망한다. 철거민 박재호는 의경 살해 혐의로 현장에서 체포된다. 학벌도 경력도 부족한 2년 차 국선 변호사 윤진원은 강제철거 현장에서 경찰을 죽여 현행범으로 체포된 박재호를 변호하게 된다. 박재호는 경찰이 아들을 죽였다며 정당방위에 의한 무죄를 주장한다. 윤진원은 기자 공수경과 함께 여론을 형성하고 선배 변호사 장대석과 국민참여재판 및 국가배상 청구 소송을 준비한다.

친구 친해와 내가 촬영장에 초대된 날은 사망한 철거민 아들의 추모 집회 장면이었는데, 경찰들은 이를 해산하기 위해 집회 참여자들을 강제로 끌어내고 분향소를 박살낸다. 그러던 중 기자 역할 배우 김옥빈과 변호사 역할 배우 윤계상이 경찰로부터 구타를 당하게 된다. 머리가 외계인처럼 작고 합판을 재킷 속에 넣어도 납작하게 말랐던 윤계상을 경찰들이 곤봉으로 내리칠 때는 마음이 너무 아팠다. 영화인 걸 알면서도 경찰들의 방패가 마치 나를 내리칠 것 같았고, 분향소를 부수는 순간에는 정말 울컥했다. 뉴스에서도 실제로도 오랫동안 보아온 풍경이지만 결코 익숙해질 수는 없다.

> 이 영화의 사건은 실화가 아니며 인물은 실존하지 않습니다.

영화 〈소수의견〉이 시작될 때 전면에 나오는 자막이다. 다큐멘터리가 아닌 극영화를 두고 굳이 픽션이라고 재차 말하는 건, 〈소수의견〉에 대한 보다 열린 해석을 가능하게 하기 위해서다. 〈소수의견〉은 개봉 전부터 2009년 1월에 실제로 벌어진 '용산 참사'에 바탕을 둔 영화, 실화에 근거한 영화로 알려졌다. 하지만 손아람 작가의 원작 소설과 마찬가지로 영화는 시작과 동시에 '실화에 근거하지 않았음'을 분명히 밝

힌다. "재난과 참사의 본질은 늘 사건 자체보다는 그 사건이 해결되는 과정에서 깨닫게 되는 것"이라는 김성제 감독의 말처럼 이 영화는 용산 참사라는 특정 사건이 아니라 참사가 벌어진 그 이후의 시간, 참사가 어떤 식의 결과를 낳고 있는가에 주목하고 있는 영화이다.

기자 공수경은 사건을 취재하며 "사람이 죽는 순간 거긴 철거 현장이 아니라 살인 현장이에요. 근데 작전을 계속 벌였다? 경찰이?"라고 말한다. 이 대사는 해당 사건에 거대한 배후가 있다고 의혹을 제기하면서 사건을 확대하는 역할을 한다. 박재호의 아들 신우를 죽인 사람은 누구일까. 이 의문은 확대되지 않는다. 영화가 이에 계속해서 주목하지 않기 때문이다. 중반부로 넘어가면 관객의 관심은 죽은 사람이 아닌 부조리한 구조로 옮겨간다. 개인의 문제가 국가의 문제로 변하는 것이다. 검찰은 개인이 공무원을 살해한 사건으로 끝내려 한다. 하지만 수많은 이해당사자가 뒤섞인 현장에서 벌어진 사건이기에 조용히 끝내기 쉽지 않다. 그래서 일부를 조작한다. 조작은 문제를 키우는데 검찰은 조작을 감추기 위해 수사기록과 진압 경찰의 명단을 숨긴다. 사람이 죽은 살

인사건 현장을 이례적으로 깨끗하게 치웠다. 비상식적이고 의문만 쌓이는 이 같은 상황의 배후에는 누가 있는 것일까?

> "국가라는 건 말이다. 누군가는 희생을 하고 누군가는 봉사를 하고 그 기반 위에서 유지되는 거야. 말하자면 박재호는 희생을 한 거고 난 봉사를 한 거지. 근데 넌 결국 넌 뭘 한 거냐? 네가 하는 게 뭐야 임마."

배후가 없다. 영화는 개인의 문제, 국가의 문제를 거쳐 다시 개인의 문제로 돌아온다. 지난했던 모든 재판이 끝나고 검사 옷을 벗고 변호사가 된 홍재덕은 윤진원에게 배후를 부정한다. 이 영화를 보고 나서 염치를 생각한다. 인간의 염치란 무엇일까? 마지막까지 검사 홍재덕이 보여주는 몰염치, 피해자이자 동시에 가해자가 된 철거민 박재호의 염치. 나라를 망치고도 아직도 큰소리를 치고 있는 자들의 염치. 영화 〈소수의견〉은 만들어진 지 7년이 지난 현재에도 의미가 있는 영화이다. 영화가 주는 메시지는 그동안 수많은 사건 사고를 겪어온 현재의 우리에게 여전히 유효하기 때문이다. 이 영화의 사건은 실화가 아니라고 했지만 어쩌면 영화에 반영된 현실은 영화보다 더 공포스러운지도 모른다.

나를 살맛 나게 하는 행복한 영화
〈아멜리에〉

"언니, 요즘은 살기 위해서 일을 하는 건지 일을 하기 위해 사는 건지 의미 없는 하루하루를 보내고 있어. 예전에는 목표도 세우고 세부 계획도 세우고 열심히 살아보려고 했는데 이런저런 아픔을 겪으면서 목표나 희망 같은 것이 사라져버렸나 봐. 미래에 대한 걱정 때문에 취미를 즐길 여유도 없고 나를 위한 투자에도 인색해지네. 하루살이처럼 사는 인생이 과연 의미가 있는지 회의가 들고 정말 아무것도 하기 싫어. 무기력에 빠진 나에게 조언 좀 해줘."

낮에 회사에서 일하고 퇴근 후 밤늦게까지 아르바이트하고, 주말에도 쉬지 않고 일해서 누구보다 열심히 살았던 후배 L의 메시지를 받고 나도 생각에 잠겼다. 현대인의 불행이라는 누제닉 노이로제. 삶에서 의미를 추구하려는 의지가 꺾여버린 상태를 말한다. 정신과 의사이자 실존주의 심리학자 빅터 프랭클에 의하면, 홀로코스트에서 살아남을 확률은 1/28이었다고 한다. 그런데 살아남은 사람들의 공통점이 있었는데, 그건 삶의 의미와 살아야 하는 이유를 갖고 있었다는 것이다. 현실이 아무리 괴로워도, 살아야 하는 이유를 끊임없이 생각하는 사람들은 극한의 고통과 절망 속에서도 살아내고 이겨낼 수 있다는 것이다.

사람들이 '언제 행복하냐?'라고 물었을 때도 마찬가지이다. 긍정적인 기분, 쾌락, 좋은 관계 물론 이런 것들도 행복의 요소이긴 하지만, 가장 행복하다고 느끼는 것은 의미를 추구하고 있다고 스스로 믿고 있을 때이다. 거창하게 인생의 가치나 의미를 떠올리지 않더라도, 자신이 좋아하는 영화, 책, 도시, 노래, 음식, 취미를 생각하고 글로 적어봐도 도움이 된다. 자신이 좋아하는 것에 대해서 적고 생각하는 것만으로 현재의 불확실성과 미래의 위험으로 인한 불안감을 줄여주는 데 효과가 있다고 한다.

언제 봐도 사랑스러운 영화 〈아멜리에 Le Fabuleux destin d'Amélie Poulain, 2001〉. 어린 시절 아빠의 오해 때문에 학교에 가지 못하고 외톨이로 자란 주인공 '아멜리에'. 엉뚱하고 사랑스러운 상상력의 아멜리에가 주변 사람들에게 행복을 찾아주고, 운명적인 사랑을 통해 진정한 삶의 행복을 깨닫게 되는 이야기다. 사랑받는 것에 익숙지 않은 아멜리에. 형제도, 친구도 없는 그녀는 부모의 사랑조차 깊이 받아보지 못했다. 그녀의 유일한 벗은 자신이 펼치는 무한한 상상력일 뿐이다. 익살스럽고 때론 자극적이기도 한 상상력. 영화는 이 상상력을 위트 있게 펼쳐 보인다. 이 작품은 오프닝 시퀀스부터 인상적이다. 개성 강한 캐릭터들의 소개와 함께 펼쳐지는 아멜리에의 발칙한 상상력들. 그 흐름에 몸을 맡기다 보면, 어느새 영화에 흠뻑 빠져 있는 자신과 마주하게 될 것이다. 캐릭터들의 개성은 제각각이지만, 영화의 균일한 색채가 통일성을 유지한다. 강렬한 빨강과 녹색의 대비는, 크리스마스 풍경을 연상시킨다.

어머니의 갑작스러운 죽음 후 아버지는 깊은 상심에 빠지고, 아멜리에는 부모의 품에서 벗어난다. 카페 점원으로 일하며 다양한 사람들과 풍경들 구경을 유일한 낙으로 안고 살아가던 그녀에게 갑작스럽게 사랑이 찾아온다. 사랑이라는 개념에는 무감각했던 그녀의 심장이 한 남자를 본 순간 역동적으로 반응하기 시작한 것이다. 아멜리에는 난생처음 이성으로부터의 묘한 감정을 경험하고 그때부터 그 남자와 사랑의 관계를 만들어가고자 노력한다.

지하철역 즉석사진 부스 아래에 떨어진 증명사진 조각들을 수집하는 묘한 취미가 있는 남자, 니노. 아멜리에가 반한 남자다. 그에게 섣불리 접근하기란, 사랑에 서툰 아멜리에에겐 여간 어려운 일이 아니다. 그래서 그녀는 니노에게 미션을 하나씩 던진다. 그렇게 관계의 거리를 좁혀나가다 우여곡절 끝에 아멜리에는 사랑을 거머쥔다. 이후, 그녀의 삶은 그동안 경험하지 못했던 사랑으로 채워진다. 세상의 모든 풍경이 일그러질 만큼, 아멜리에의 일상은 니노로 채워진다.

인생에서 중요하게 생각하는 것들을 모두 떠올려보자. 떠올려본 것들을 생각나는 대로 종이에 적어보자. 나 자신, 가족, 건강, 친구, 종교, 성장, 성공, 아름다움, 배움, 행복…… 등 다양한 영역의 것들을 떠올리게 될 것이다. 그중에서 중요하게 생각하는 순서로 우선순위를 매겨본다. 그것이 왜 중요한지, 내 인생에서 어떤 의미가 있는지 하나씩 생각해본다. 그다음으로 중요한 것에도 똑같이 그것이 왜 중요하고 어떤 의미가 있는지를 스스로에게 묻고 답한다. 이런 연습을 반복하면, 자기를 비난하지 않게 되고, 비관적인 생각에서도 쉽게 벗어날 수 있게 된다. 나도 당신도 완벽하지 않다. 세상에 완벽한 존재란 없다. 내가 살아야 하는 이유는 아멜리에처럼 사랑일 수도, 사랑하는 사람일 수도 있고, 살아 있다는 것 자체가 애써 살아야 하는 충분한 이유인지도 모르겠다.

5장
★
영화는 아무것도 아닌 동시에
그 모든 것이다

줄리&줄리아 · Julie&Julia
2009

수면의 과학 · The Science of Sleep
2006

유스 · Youth
2015

앙: 단팥 인생 이야기 · あん
2015

구베씨의 행복여행 · Hector and the Search for Happiness
2014

캐롤 · Carol
2015

내가 묻고
영화가 답하다

삶은 우리가 무엇을 하며 살아왔는가의 합계가 아니라
우리가 무엇을 절실하게 희망해 왔는가의 합계이다.

- 호세 오르테가 이 가세트

인생에서 어떠한 경험도 시간 낭비라고 생각하지 않는다. 인간관계에서 상처를 받는 것도 감정 소모가 아니라 경험이고 인생 그 자체다. 어떤 일을 하는데 너무 비용 측면에서만 따지면 뭐든 소극적으로 된다. 이 사람과 만나다 헤어지면 어쩌지? 오래 볼 사이도 아닌데 이렇게까지 가깝게 지낼 필요 있을까? 잠깐 하다 말 건데 적당히 할까? 모든 일에 이런 꼬리표가 따라붙는다. 하지만 뭐든 일단 경험해보고 판단하겠다는 태도를 보이면 인생의 스펙트럼이 넓어진다. 남의 말만 듣고 안 하고 피하기보단 직접 경험해본 후 스스로 결정하는 것이다. 그 과정에서 무엇을 잃게 되건 그 경험 자체에서 얻는 지혜에 더 높은 가치를 부여하는 것이다. 그러면 경제적으로 다소 손해 볼 수는 있어도 적어도 가만히 있는 것보단 더 많은 것을 보고 느낄 수 있다.

성공한 많은 사람들의 공통적인 스승은 실패다. 우리에게 실패가 최고의 스승임을 보여주는 영화가 있다. 노라 애프론 감독의 〈줄리&줄리아 Julie&Julia, 2009〉는 자신의 인생을 바꿔버린 두 여성의 실화를 통해서 전하는 희망의 이야기이다.

1949년 파리의 전설적인 셰프 '줄리아 차일드'와 2002년 뉴욕의 요리 블로거 '줄리 포웰'. 비록 그들의 시대와 사는 곳은 다르고 각자의 부엌도 전혀 다른 모양이었지만, 그들은 같은 레시피로 같은 요리를 만들었다. 줄리는 작가의 꿈을 안고 있지만, 잘나가는 친구들 사이에서 한없이 위축되기만 하는 평범한 직장인이자 주부이다. 일상의 탈출구로 시작한 요리와 블로그 글쓰기 도전은 그의 삶을 점점 변화시킨다. 무려 1년 동안 524개 레시피에 도전한다. 그 일을 하는 과정이 연속적인 실패에 절대 순탄하지 않았지만, 요리를 하나씩 실천하며 권태로운 일상에서 활력을 찾는다. 아무도 관심이 없던 블로그에 방문자가 늘기 시작하고 신문에 소개되면서 마침내 작가라는 꿈을 이루게 된다.

영화는 줄리와 줄리아의 일상을 교차해서 보여준다. 줄리아는 외교관 남편과 프랑스에 도착해 외국 생활을 시작하는데 말도 잘 통하지 않는 곳에서 자신만의 새로운 일을 찾고자 고민한다. 줄리아는 누군가의 아내로 살아가기보다 자신의 자아를 찾기 위해 고군분투하는 과정을 보여준다. 그 과정에서 먹을 때 가장 행복한 자신을 발견하고 요리를 배우고 가르치며 삶에 권태로움에서 벗어난다. 줄리아는 자신의 요리법을 담은 책을 출간하기 위해 무려 8년 동안 끊임없이 노력한다. 그 결과로 탄생한 책은 50년 후 한 평범한 여성에게 삶의 돌파구가 된다. 바로 줄리가 참고한 프랑스 요리의 전설적인 셰프 줄리아 차일드의 요리책이다.

줄리와 줄리아는 사는 시대도 처한 환경도 다르지만, 한 인간으로서 자신의 길을 가기 위해 끊임없이 노력하는 인물이라는 공통점을 가지고 있다. 요리와 글쓰기를 포기하지 않았고 마침

내 자신이 원하는 바를 이뤄냈다. 그런데 줄리아가 요리책을 쓰지 않았다면 어떻게 되었을까? 줄리가 매일 블로그에 글을 올리지 않았다면? 아마도 줄리아는 줄리에게 영향력 있는 존재가 되지 못했을지도 모른다. 줄리도 작가의 꿈을 이루기까지 기약 없는 시간을 견뎌야 했거나 꿈과 점점 멀어졌을지도 모른다.

우리는 혼자서는 살아갈 수 없다. 어떠한 사람과 대상을 만나느냐에 따라 삶이 확연히 달라질 수 있다. 자신에게 맞는 일과 취미, 그것에 활력을 불어넣어 주는 사람을 만난다는 건 인생의 축복이다. 그것의 시작은 자기 자신을 잘 아는 것에서부터 비롯된다. 내가 진정으로 무엇을 원하지? 냉정하게 생각하는 것이다. 내가 몰입할 수 있는 일, 재미있게 할 수 있는 일을 하며 나 자신에게 충실하기. 결국 그것이 꿈의 시작이다. 줄리는 모든 것이 서툴렀다. 실수의 연속이었고 주변에서 모두 포기를 권했다. 하지만 줄리는 자신이 좋아하는 것을 해내고자 고군분투했다. 노력에 대한 열정은 자신이 진정으로 좋아하고, 하고자 하는 것에 더 많이 쏟아부을 수 있다. 삶은 그렇게 실패하더라도 오늘 하루를 열심히 사는 것, 그것이 진정한 삶의 기술이라고 이 영화는 답해준다.

가장 나다운 나,
내가 좋아하는 나로 성장시키는 영화

 꿈은 어떤 식으로 구성되는 걸까? 나는 여전히 꿈속에서 하늘을 날아다닌다. 계단이 수없이 이어진 길을 걷다가 휙 날아오르기도 하고, 고가 도로 위를 유유히 날아다니기도 하며 높이 멀리 계속 날기 위해서 힘 조절을 하는 느낌까지, 꿈이지만 생생하다. 낮 동안에 골똘하게 고민하고 있던 문제가 꿈에 중요한 소재로 등장할 때도 있고, 잠들기 직전에 했던 생각이 꿈으로 이어질 때도 있다. 때로는 '이 사람이 왜 내 꿈에 나왔지?' 싶을 정도로 뜬금없는 등장인물이 나타날 때도 있다. 한 번도 만난 적 없는 배우 송새벽과 연애를 하는 일 같은....... 꿈은 무엇으로 어떻게 만들어지게 될까? 그리고 그렇게 나의 뇌 속에서 상영되는 꿈은 어떤 의미가 있을까? 이상한 꿈을 꿀 때마다 해몽을 검색해보지만, 그런데도 꿈에 대해 내가 알 수 있는 것은 별로 없다.

미셸 공드리 감독의 영화 〈수면의 과학 The Science of Sleep, 2006〉은 꿈의 메커니즘을 나름대로 탐구해보려는 영화다. 아니, 정확히 말하면 영화에 꿈의 구성 방식과 작동 원리를 적용해보려는 작품일 것이다. 첫 장면에서 감독은 주인공 스테판의 입을 빌려 말한다. "많은 사람들은 꿈의 제조 과정이 간단하다고 생각하지만, 사실 생각만큼 간단한 일은 아니죠. 보시다시피, 복잡한 요인들의 조화가 중요합니다. 먼저 잡다한 생각들을 집어넣고, 다음엔 과거의 추억과 뒤얽힌 오늘의 기억을 추가합니다. 사랑, 우정 같은 온갖 관계와 감정들이 오늘 들었던 노래나 오늘 보았던 것들과 혼합되면, 잠깐만요, 다 된 거 같아."

스테판은 6살 이후로 쭉 현실과 꿈을 혼동하며 살아가고 있다. 아빠가 돌아가신 후 엄마 집에서 함께 살며 엄마가 구해준 직장에서 일을 시작하지만, 그는 자신의 예술성을 발휘할 수 없는 직장—저급한 디자인의 달력에 식자 붙이는 일을 할 뿐인 인쇄소—이 좀처럼 마음에 들지 않는다. 현실을 부정하고 싶은 마음은 종종 꿈으로 발현되는데, 식자 붙이는 일만 하느라 손이 어마어마하게 커져 버리는 식이다. 몸은 훌쩍 어른이 된 지 오래지만, 스테판의 정신은 아직 어린 소년에 머물러 있다. 꼬마용 침대에 몸을 구겨 넣고 자거나 아이용 잡동사니로 방을 채운 모습에서도 알 수 있듯, 그는 매우 미성숙하며 자신의 세계에만 골몰하느라 타인과 제대로 소통하지 못한다.

옆집에 사는 스테파니를 향한 호감 또한 세련된 방식으로 전달하지 못한다. 스테판과 스테파니는 셀로판지로 흐르는 물을 만들고, 피아노를 쳐서 주파수를 맞춰 솜뭉치들이 구름처럼 천정에 떠 있게 만들고, 독심술 헬멧을 나눠 쓰고 카드 뒷면의 숫자 맞추기 놀이를 하는 등 유치한 놀이를 공유할 수 있는 유일한 관계다. 그러나 스테판은 여전히 스테파니에게 자신의 감정을 똑바로 말하지 못하고, 스테판만큼 현실 감각이 떨어지지 않는 스테파니는 그를 애틋하게 여기면서도 마음을 완전히 열지는 않는다. 두 사람의 관계를 보여주는 장면 중간중간 등장하는 것이 바로 스테판이 꾸는 꿈이다. 스테판은 꿈에서 고양이 옷을 입고 골판지로 만든 카메라 앞에서 스테파니에게 바치는 노래 'If You Rescue Me'를 부르는가 하면, 뭔가를 만들고 있는 스테파니에게 다가가려다 바위 위에서 좌절해버리기도 한다.

종이로 만든 자동차, 셀로판지로 만든 물, 미니어처 피규어처럼 만든 건물 등 CG가 아니라 손으로 직접 제작한 소품들은 〈수면의 과학〉을 사랑스러운 동화 같은 분위기로 느껴지게 한다. 미셸 공드리 감독은 꿈속 장면을 촬영할 때마다 마치 자신이 준비한 장난감을 배우들에게 보여주는 것 같았다고 한다. 그러나 사실 이 영화는 꿈과 상상에 홀로 머물러 있으며, 거기서 영원히 깨어나고 싶지 않은 인간의 이야기이다. 동시에 그런 사람들에게 이제는 꿈의 바깥으로 나갈 시간이라고 말하는 작품이기도 하다. 적어도 꿈과 현실을 혼동하지 않는 순간 어른이 될 수 있다고, 그건 누구도 도와주거나 구해줄 수 없는 일이라고 말이다. 영화관을 나오면 그때부터 머릿속에서 다시 시작되는 영화가 있다. 수면의 과학은 성장하지 못한 한 소년의 이야기지만, 보는 이를 성숙시킬 수 있는 성장제 같은 영화이다.

영화
그리고 해피 AND

포털 사이트에서 사회면을 보는데 '생애 마지막 2년을 요양 시설에서 보내는 노인들'이라는 제목의 기사가 눈에 띄었다.

집 안에서 넘어져 골절상을 입은 80대 어머니가 거동이 불편해 혼자서는 일상생활을 할 수 없는데, 어머니를 도울 사람이 없어 가족들과 의논한 끝에 요양 병원에 모셨단다. 병원비는 월 120만 원 정도인데, 전문가들은 요양 시설에 오래 머물수록 삶의 질이 떨어질 수밖에 없고 신체 기능이 더 빨리 저하되어 '불행한 말년'의 가능성이 크다고 한다. 선진국에서는 노인의 요양 시설 이용 기간을 최대한 줄이려고 하는 추세인데 한국은 오히려 점점 늘어나고 있다는 내용이었다.[08]

---

[08] "생애 마지막 2년을 요양시설에서 보내는 노인들", 동아일보, 2019.08.15.

이 기사를 봤을 때 마음이 많이 아팠다. 습관적으로 댓글을 열어 베스트 댓글을 본 후로 생각이 더욱더 많아졌다. '요양 시설도 돈이 있어야 보낸다. 요양 시설이라도 보내주면 효자입니다.' '요양 시설은 노인들 돈벌이 이외에 그 어떤 복지도 없습니다. 요양 병원 근무 10년인데 가족들은 노인들이 오래 살기를 바라지 않지만, 요양 시설에서는 노인들 못 죽게 영양제 맞히고 급하면 병원 응급실로 옮겨서 다시 살려서 모시고 오지요. 노인들 죽고 싶어도 편하게 못 죽어요. 대책이 필요해요.' '이 기사를 보면서 월 120만 원 금액부터 눈에 보이는 내가 싫다.'

우리의 부모님 세대는 그들의 '부모를 모시는 마지막 세대이자 자식에게 버림받는 최초의 세대다'라는 강의를 들은 적이 있다. 우리나라 경제 성장을 위해서 허리띠를 졸라맸던 부모님 세대. 부모 봉양과 자식들 교육에만 투자하기에도 빠듯한 살림에다 먹고 살기 바빠서 본인들의 노후는 설계하지 못했다. 그사이에 평균 수명은 늘어나고 세상은 너무 빠르게 변해버린 것이다.

파올로 소렌티노 감독의 영화 〈유스 Youth, 2015〉는 우리에게 '젊음이란 무엇일까?'란 질문을 던지는 영화다. 영화를 보기 전 다른 사전 정보 없이 포스터를 먼저 보고 궁금해진 작품이었다. 포스터는 사우나에 몸을 담그고 있는 마이클 케인과 하비 카이텔이 물속으로 들어오는 전라의 젊은 여성을 바라보는 모습이다. 젊은 여성의 뒷모습과 대비되는 나이 든 두 남자의 모습을 통해 젊음과 늙음을 명확하게 보여준다. 명망 있는 작곡가이자 지휘자인 프레드는 24년간 몸담은 베니스 오케스트라 활동을 뒤로하고 은퇴를 선언한다. 긴 휴식기에 접어든 프레드는 딸 레나와 함께 스위스의 단골 호텔을 찾는다. 친구인 영화감독 믹 역시 '생의 마지막 날'이라는 제목의 시나리오 작업을 위해 작가들과 머무는 참이다. 프레드와 믹은 서로 매일의 소변량을 체크하는 것으로 안부 인사를 대신한다.

또 다른 투숙객인 지미는 영화배우인데 이전 캐릭터의 그늘에서 벗어나지 못하는 것을 고민한다. 이 외에도 거동이 불편해진 전직 축구선수, 공중부양을 꿈꾸는 수도승, 대화를 한마디도 하지 않는 부부 등이 머문다. 어느 날 영국 여왕이 프레드에게 특사를 보내 필립 왕자의 생일을 기념한 자리에서 그의 일생일대의 역작, '심플 송'을 지휘해달라고 요청한다. 그러나 프레드는 이 제안을 거절한다.

> "저 산을 봐봐. 젊었을 때는 이렇게 모든 게 가까워 보여,
> 미래니까.
> 반대로 이렇게 봐봐. 늙으면 모든 게 이렇게 멀게 보여,
> 과거니까."

하비 카이텔이 연기했던 영화감독 믹이 전망대 망원경 앞에서 젊은 시나리오 작가에게 이야기하는 장면이 인상적이었다. 그런데 나는 이 장면을 보면서 반대의 생각이 들었다. 노인도 망원경으로 보는 풍경처럼 미래를 가까이 있다고 여길 수 있다. 다른 사람들과 마찬가지로 노인에게도 미래는 똑같이 중요하다. 아니, 미래를 바라보는 현재다. 더 정확하게는 누구에게나 지금이 중요하다.

영화의 후반부에 프레드는 의사에게 '어떻게 늙는지 모르게 나이가 들어버렸다'라고 말한다. 프레드를 가장 잘 나타낸 대사라고 생각한다. 영화제작을 위해 열정적으로 움직이는 친구 믹과 달리 젊음을 되찾으려는 노력이라곤 뚜렷하

게 보이지 않으며, 오히려 모든 것을 다 지켜보는 사람이 프레드이다. 그에게 믹의 자살은 큰 슬픔이지만 젊음을 되찾게 하는 용기로 다가왔다. 의사의 한마디도 힘을 실어준다. "이곳을 나가면 뭐가 있는지 아세요? 바로 '젊음'이에요." 프레드는 젊음을 찾으러 나선다. 은퇴했지만 여전히 자연과의 협주, 그리고 사탕 껍질로 박자를 맞추는 프레드에게 음악은 곧 젊음이다. 그렇다면 영화 〈유스〉에서 말하고자 하는 진정한 젊음이란 무엇일까? 젊음은 나이가 중요한 것이 아니다. 자신의 미래를 바라보는 시선이 중요한 것이다. 믹이 '영화 제작'이라는 목표를 이루기 위해 열정을 쏟는 것처럼 가까운 미래를 재정비하는 것에 열정을 쏟는 것이 젊음이다.

한국이 선진국 대열에 들어서면서 출산율 저하와 인구 노령화 등에 따른 '고령사회' 진입은 일찍감치 예견된 일이다. 하지만 문제는 우리나라 노령화 속도가 세계 어느 나라와 비교해도 너무 빠르다는 점이다. 아직 고령사회 진입에 제대로 대비하지 못한 상황이라 노인 인구 급증에 따른 각종 사회문제가 대두되고 있다.

유엔은 65세 이상 인구가 전체 인구에서 차지하는 비율이 7% 이상이면 '고령화 사회', 14% 이상은 '고령사회', 20%를 넘으면 '초고령사회'로 구분한다. 다른 나라의 사례를 보면 미국이 고령화 사회에서 고령사회로 전환하는 데 69년가량 걸렸다. 영국이 45년 걸렸고 노인 인구가 많다는 일본도 25년가량 소요됐다. 한국의 속도는 일본보다 훨씬 더 빠르다. '고령화 사회'에 진입한 지 17년 만에 '고령사회'가 된 셈이다.

　2025년이면 한국이 만 65세 이상 인구 비율 20% 이상인 초고령사회에 진입할 것으로 보이지만 그에 대비한 노동시장의 대책은 눈에 띄는 것이 없다. 대책 중 하나로 정년연장을 이야기하지만 와닿지 않는 얘기다. 한국 사회에서 정년보다 10여 년 전에 미리 퇴직하는 게 당연한 분위기라고 했었는데 최근엔 더해졌다. 2017년 잡코리아 조사에 따르면 대기업 퇴직 평균 연령은 무려 49세이다. 나에게도 머지않은 이야기다. 우리가 다 같이 잘살게 되려면 아니, 잘 죽게 되려면 결국은 '공존'에 대한 더 많은 고민이 필요하다. 다양한 연령대가 공존할 수 있는 환경을 조성하는 것이야말로 문제해결의 시작이라고 생각된다.

아직 우리에겐
더 많은 영화가 필요하다

 온라인 경제 신문에서 '번아웃 증후군도 병(病) 아닌가요?'라는 제목의 칼럼이 실렸다. 별다른 이유는 없는데 기운도 의욕도 사라진 무력감에 일상생활이 힘들고, 쉬는 날엔 방전된 상태에서 잠만 자는 번아웃 증후군으로 고통받는 사람들에 관한 이야기가 나와 있었다. 전문가들 사이에서도 독립된 하나의 질병으로 봐야 한다는 의견과 다른 정신질환 증상의 일종이라는 의견으로 논란이 계속됐다고 한다.[09]

 '번아웃(burnout)'을 직독해보면 '속이 새카맣게 타서 이제 없어져 버렸다' 정도이다. 이것을 조금 더 확장해서 번역하면 '없다'가 될 수 있다. 그러니 번아웃 증후군, '나는 없는'

---

[09] "번아웃 증후군도 병(病) 아닌가요?", 머니투데이, 2019.05.31.

증상이 이해는 가지만 그것을 꼭 질병으로 분류해서 치료, 완치를 목적으로 치료법을 연구할 이유가 있을까? '내가 사라진 이유'는 일 때문일까? 그럴 수도 있지만 그게 다가 아니다. 일과 나 자신이 맞지 않는다는 현실이 더욱 절실한 이유이고, 그것은 사회의 부조리가 원인일 가능성이 더 크다.

그 부조리는 기성사회, 과거의 관습, 강압적인 선배, 낡은 경험 등에서 기인한다. 사회는 여전히 기성을 강요하기 일쑤다. 여기에서 충돌이 일어난다. 그래서 고대부터 오늘날까지 '요즘 젊은것들'이란 말이 끊이지 않는 것이다. 그런 갈등이 그저 약간의 스트레스와 관계의 발전을 통해 해결되면 좋겠지만 심각할 경우 이것이 신체 질병으로 이어지고, 극단적 상황으로 가기도 하는 게 큰 문제이다.

번아웃 증후군의 증상은 '의욕 상실'을 넘어, '아무 생각이 떠오르지 않음', '몸이 무기력해져 움직일 수조차 없다'는 상황으로 나타나기도 한다. 그냥 정신적인 고통에 시달리는 정도가 아닌, 신체활동이 정지되고, 그렇게 정지된 신체는 결국 다른 질병으로 이어질 가능성도 크다는 뜻이다.

가와세 나오미 감독의 영화 〈앙: 단팥 인생 이야기 あん, 2015〉는 일본 전통 빵 도라야키의 단팥 소를 만드는 할머니 도쿠에와 가게 사장, 단골 여고생 등 가게에 모인 사람들의 상처와 교감, 치유의 과정을 담아낸 작품이다. 도라야키 가게에 진 빚 때문에 좋아하지도 않는 도라야키를 구우려 하루하루 살아가는 센타로. 그의 앞에 어느 날 몸이 불편한 초로의 도쿠에가 찾아와 일을 구한다. 어딘가 몸이 불편해 보이고 그녀의 굽은 손가락도 신경이 쓰여 거절한다. 하지만 도쿠에는 다음 날 다시 찾아와 자신이 만든 것이라며 팥이 담긴 통을 내민다. 엉겁결에 받아들고 무심코 맛보게 되는 센타로는 도쿠에에게 부탁한다. 도라야키에 넣을 팥을 만들어 달라고.

센타로에게는 번거롭기만 했던 팥을 삶아 고물을 만드는 일이지만, 도쿠에는 팥 한 알 한 알을 소중히 여기며 맛있는 팥을 만들어낸다. 비결을 묻는 센타로에게 도쿠에는 대답한다.

"할 수 있는 걸 하는 것뿐이야."

도쿠에의 맛있는 팥 덕분에 가게는 번창하기 시작한다. 한산했던 센타로의 가게에 사람들이 모여들고 도라야키를 베어 물며 웃음을 머금는다. 그런 사람들을 보며 센타로와 도쿠에의 마음도 행복이 깃든다. 하지만 행복은 오래가지 않는다. 도쿠에는 나병이라 불리는 한센병을 앓은 적이 있다. 이미 40년도 전에 완치되었다. 한센병 환자들은 누구보다 치료와 보호와 사랑이 필요한데, 사람들의 오해와 무지 속에 한센병은 전염성이 강한 병으로 여겨져 가족들과도 떨어지고 호적도 바뀐 채 격리되어 오랫동안 살아왔다. 살아 있지만 살아 있지 않은, 없는 존재였다. 결국 도쿠에는 가게를 그만두게 된다. 가게는 다시 한산해지고 센타로는 술로 하루하루를 보내게 된다.

그러다 한센병 요양소에 있는 도쿠에를 찾아 만남을 이어가면서 센타로의 도라야키에 대한 열정이 다시 살아나기 시작한다. 센타로에게 도쿠에는 이렇게 말한다. 팥의 이야기를 들어주라고, 세상의 이야기를 들으라고. 평생을 소외되어 고통스럽고 외롭게 살아왔던 도쿠에가 깨달은 삶의 이야기는 단순하다. 살아 있는 것에 감사하고, 우리가 특별한 존재가 아니라도 그 존재 자체로 충분히 의미가 있다는 것, 우리의 삶은 그 자체로 아름답다는 것을 말하고 있다.

완벽주의가 무기력을 부른다. 빈틈없이 잘 메워진 카펫이 아니라 듬성듬성 구멍 뚫리고 조각 천으로 때워가며 만드는 것이 보통의 삶인데, 완벽해지려는 갈망이 긴장을 부르고 실수를 만든다. 그러다 쉽게 지친다. 잘하려는 지나친 욕심이 탈진으로 이어지는 것이다. 완벽하면 좋겠지만 현실에 완벽함은 있을 수 없다. 실수와 실패, 예상치 못한 좌절도 인생의 한 부분이다.

의욕은 새로운 경험을 반복해야 유지된다. 새로운 자극을 받으면 뇌에서 도파민이라는 신경전달물질이 분비된다. 도파민은 동기를 불러일으킨다. 흥분되고 짜릿한 느낌도 도파민 때문이다. 약간 불확실하고, 약간 불편하더라도 새로운 경험을 피하지 않아야 한다. 무엇이든 일단 시도를 해보는 것이 좋다. '한번 시작하면 끝장을 봐야 한다.', '이왕 할 거 잘해야 한다'라는 강박관념을 갖지 말고 일단 시도해보고, 그것이 어떤 느낌인지 직접 체험해야 한다. 생각만 하고 이리저리 따지고만 있지 말고 새로운 경험 속으로 뛰어 들어가야 한다.

거창한 것이 아니더라도 인생의 가치에 부합하는 작은 행동이라도 해야 한다는 것이다. 물론 이게 말처럼 쉽지 않다. 의욕은 저절로 생기는 것이 아니다. 공부와 일로 탈진해버린 이들에게는 충분한 휴식도 필요하지만, 이것만으로는 활력이 솟아나지 않는다. 상처받기를 두려워 말고 몸으로 부딪쳐 나갈 때 찾아오는 것이 의욕이다. 의욕은 자기 자신이 아니라 세상 속으로 파고들 때 비로소 생기는 것이다.

〈앙: 단팥 인생 이야기〉의 도쿠에가 남긴 말을 다시 한번 기억하자.

> "우리는 이 세상을 보기 위해서, 세상을 듣기 위해서 태어났어.
> 그러므로 특별한 무언가가 되지 못해도
> 우리는, 우리 각자는 살아갈 의미가 있는 존재야."

나는 영화를 통해
인생을 배웠다

  2005년 서른둘의 나이로 영화과 4학년에 재학 중일 때 다른 학과처럼 졸업 논문이 아니라 졸업 영화를 찍어야 졸업을 할 수 있었다. 학교에 있는 장비를 예약제로 활용하지만 추가로 필요한 촬영이나 조명 장비, 배우 섭외, 장소 섭외, 편집실 이용, 스태프들의 식대 등등 제작비는 당연히 감독인 나의 몫이었다. 영화를 필름 카메라로 찍든 디지털카메라로 찍든 형식의 제한은 없었는데 나는 필름으로 찍을 때 발생하는 제작비를 감당할 수가 없었다. 고민의 여지 없이 디지털로 찍기로 했는데 출연 배우가 소수이고, 촬영 장소도 몇 군데 안 되었지만 아무리 계산을 해봐도 수백만 원이 예상되었다. 그 당시 수중에 그 돈이 없었다.

나는 수많은 고민 끝에 제작비를 모을 방법을 생각해냈다. 친한 친구들과 지인들에게 단체로 메시지를 보냈다. 싸이월드 쪽지로도 보냈던 것 같다. "사랑하는 친구들아 내가 이번에 졸업 작품을 제작하려는데 제작비가 부족해서 이런 메시지를 보낸다. 내가 나중에 결혼하게 된다면 너희들이 축하하는 마음과 축의금을 보내주겠지. 내가 이번에 졸업 작품이 아니라 결혼을 한다고 생각하고, 미리 축의금을 좀 보내줄 수 있겠니? 내가 정말 결혼할 때는 축의금 없이 마음만 와야 하고……." 정확한 내용은 기억이 안 나지만 이런 메시지를 보내서 축의금을 미리 받았다. 그때 지인이라고 해봐야 학생이(영화과 아닌) 대부분이었고 돈이 많지 않은 친구들이 많았다. 오천 원부터 수십만 원까지 정말 많은 친구에게 축의금을 받았다. 나는 정말 눈물 나도록 고맙게 그 돈을 받았고, 졸업 영화를 완성해서 단성사에서 상영했었다.

지금 생각하면 텀블벅을 내가 먼저 생각해냈던 게 아닌가 싶다. 텀블벅(tumblbug)이란 플랫폼이 있다. 우리나라에서 서비스 중인 대표적인 크라우드 펀딩 사이트 중 하나로 예술, 문화 콘텐츠를 중점적으로 다루고 있다. 특히 그중에서도 독립적인 문화 창작자들의 지원을 목표로 한다. 창작자가 프로젝트를 올리면서 후원자들에게 금액대별 특별한 선물(작품이나 제품)을 약속하고, 정해진 기간 동안 후원자를 모으기 위해 열심히 홍보한다. 목표 금액을 달성해야만 후원금이 전달된다. 전달받은 후원금으로 창작에 돌입하고 틈틈이 진척상황을 알리고, 약속한 선물을 전달하면 프로젝트가 끝난다. 그동안 8년간 8000개의 프로젝트가 펀딩에 성공했다고 한다. 나도 몇 년 전부터 몇 가지 펀딩에 후원자로 참여했다. 오랜 지인의 피아노 솔로 앨범 LP 제작에 참여하기도 했고, 좋아하고 존경하는 분들이 만드는 영화잡지를 창간하는 데 참여하기도 했다.

2005년에 내가 그러한 방식으로 제작비를 모으고 있다는 소식을 들은 졸업 영화의 촬영감독은 "감독이 해도 되는 일이 있고 해서는 안 되는 일이 있다. 감독이 가오가 있지 그런 식으로 제작비를 모으냐? 그래서 나는 축의금을 보낼 수가 없고 이렇게 하는 거 반대다"라고 했다. 나는 그 말이 너무 큰 상처가 돼서 며칠을 울며 다녔다. 지금 그런 말을 들었다면 다르게 응수했을 텐데 자존감이 낮아진 상태에서는 할 수 있는 말이 없었다. 나는 그저 영화를 보는 것이 행복했고, 그 영화를 만들 수 있었을 때 더 행복해졌다. 내 영화를 보는 사람들이 행복해지는 그런 영화를 만들고 싶었다.

영화 〈꾸뻬씨의 행복여행 Hector and the Search for Happiness, 2014〉은 정신과 의사 프랑수아 를로르가 쓴 동명의 소설을 영화로 만든 작품이다. "사실 난 불행해요." 헥터는 매일같이 자신이 불행하다고 외치는 사람들을 만나는 정신과 의사다. 어느 날 과연 진정한 행복이란 뭘까 궁금해진 헥터는 환자들을 위해 특별한 결정을 내리게 된다.

"나 떠나고 싶어. 더 이상 환자들에게 도움이 안 돼. 그리고 좀 알아보고 싶어 행복이 뭔지. 그래야 환자를 돕지. 내 인생을 봐. 꼭 사기꾼이 된 기분이야, 푹신한 의자에 앉아 뻔한 충고나 팔아먹고 사는." 그는 행복의 비밀을 찾기 위해 여행을 떠나기로 했다.

이 영화는 눈이 즐거운 영화다. 행복의 비밀을 찾기 위해 전 세계로 여행을 떠난 주인공의 이야기를 다채로운 색깔로 그렸다. 각각의 여행지에서 만난 인연들은 저마다 개성이 넘쳤고, 영국부터 시작해 중국 상하이, 티베트 고원지대, 아프리카, 미국 로스앤젤레스에 이르는 방대한 로케이션은 생동감이 넘쳤다. 덕분에 영화를 보면서 여행 욕구도 자극되고, 또 여행을 떠나지 못하는 관객들에게는 대리만족을 시켜주기에도 충분하다. 그만큼 〈꾸뻬씨의 행복여행〉은 보는 재미가 쏠쏠한 영화다.

그러면서 영화는 빵빵 터지는 웃음도 담았다. 억지로 웃기려는 몸 개그가 아닌, 일상적인 상황에서 발생하는 꾸밈없는 웃음이다. 또한 이 작품은 귀가 즐거운 영화다. 에피소드를 엮으면서, 진정한 행복은 무엇일까 하는 질문에 하나둘 답을 던져준다. 물론 정답은 아니다. 하지만 현명한 대답은 될 수 있을 것 같다. 그 질문에 대한 답은 다음과 같다. 하나씩 깊이 생각해볼 행복의 조건들이다.

1. 남과 비교하면 행복한 기분을 망친다.
2. 많은 사람은 돈이나 지위를 갖는 게 행복이라고 생각한다.
3. 많은 사람은 행복이 미래에 있다고 생각한다.
4. 두 여자를 동시에 사랑할 자유가 행복일지도 모른다.

5. 때론 진실을 모르는 게 행복일 수도 있다.

6. 불행을 피하는 게 행복의 길은 아니다.

7. 상대가 날 끌어올려 줄 사람인가, 끌어내릴 사람인가?

8. 행복은 소명에 응답하는 것

9. 행복은 있는 그대로 사랑받는 것

10. 고구마 스튜

11. 두려움은 행복을 가로막는다.

12. 행복이랑 온전히 살아 있음을 느끼는 것

13. 행복은 좋은 일을 축하할 줄 아는 것

14. 사랑은 귀 기울여주는 것

15. 향수에 젖는 건 촌스러운 짓이다.

주인공 헥터가 행복 여행을 끝내고 돌아가기 전, 티베트에서 만난 승려와 화상 대화를 한다.

- 여행은 어땠나? 뭘 배웠나?
- 정말 굉장했어요. 100% 돌아갈 준비가 되었어요.
  내 여자와 환자들에게 말할 거예요.
- 뭐라고 말할 텐가?

- 우리는 모두 행복할 능력이 있다.
- 그보다 수준을 더 높여봐.
- 우린 모두 다 행복할 권리가 있다.
- 더!
- 우린 다 행복할 의무가 있다!

  행복은 권리보다 의무감으로 찾아야 하는 것이었다. 그리고 중요한 한 가지는 행복이란 찾는 것이 아니라 볼 수 있어야 한다. 나와 함께하는 가족들의 행복을 위해, 그리고 나의 이웃들의 행복을 위해 우리는 모두 행복할 의무가 있다.

내가 영화를 통해
배운 것들

"돈을 많이 주지만 재미가 없는 일이 있고, 돈은 안 되지만 하고 싶은 일이 있다면 둘 중 무엇을 골라야 할까요? 후자를 선택하는 편이 낫습니다. 재미없는데 오로지 돈을 벌기 위해 일을 하다 보면 성장하기 쉽지 않아요. 돈은 적게 벌어도 좋으니 하고 싶은 일을 하는 사람은 날이 갈수록 더 잘하게 됩니다. 좋아하다 보니 열심히 하게 되고, 열심히 하다 보니 잘하게 되는 거지요. 그러면 그 분야에서 인정받는 사람이 되고요. 10년 후를 생각해야 해요. 돈 많이 받으면서 일에 재미를 느끼지 못하는 사람은 잘리기 쉽고, 적은 돈을 받고도 재미나게 열심히 일하는 사람은 다른 회사에서 스카우트해 갑니다."

- 김민식 《매일 아침 써봤니?》[10]

---

[10] 김민식, 매일 아침 써봤니?, 위즈덤하우스, 2018.

내가 좋아하는 드라마 프로듀서이자 작가인 김민식이 진로 특강에 가면 학생들에게 해주는 이야기라고 한다. 나는 이 글에서 일부는 동의하고 일부에는 동의하지 않는다. '내가 좋아하는 일을 찾고, 그 좋아하는 일을 꿈으로 설정해서 그 꿈을 이루게 된다.' 이런 명제로 어릴 때부터 고민했던 것들이 있다. 내가 좋아하는 일이 무엇인지, 내가 어떤 것을 잘하는지 소질을 찾고, 어느 순간에 행복감을 느끼며 자아실현까지 하게 되는지를 찾는 것 자체가 쉽지 않다. 쉽지 않은 과정을 통해 찾았다 해도 그 일을 꿈으로 설정하고 이루어나가는 것 또한 쉽지 않다.

그런데 자기가 정말 잘할 수 있고 좋아하는 일을 직업으로 갖게 된다면 과연 행복하기만 할까? 내가 정말 좋아하는 일이 직업이 될 때, 돈을 벌 수 있는 일, 먹고 사는 일, 생계를 위한 일이 될 때도 계속 행복할 수 있을까? 자신의 꿈을 직업으로 이룬 사람은 많지 않다. 그 꿈을 이루는 과정에서 내가 좋아하는 것을 반드시 해야 한다는 스스로의 강박관념 같은 것들이 오히려 일을 그르치기도 한다. 지금 내가 하고 있는 일은 정말 내가 하고 싶었던 일이 아니라는 생각이 '현재'

를 망치기 때문이다.

〈겟잇뷰티〉, 〈리얼 토크 핑크 알파〉, 〈이유진의 하이힐〉 등의 TV 프로그램에서 조연출로 일했던 적이 있다. 여성들이 좋아하는 패션과 뷰티에 관한 프로그램이었고, 유명인들과 함께하는 방송일이 꽤 재미있었다. 그런데 그 재미있는 일이 잠을 하루에 한 시간밖에 잘 수 없고, 그렇게 미친 듯이 바쁘게 일을 해서 한 달에 손에 쥐어지는 돈이 100만 원 남짓일 때도 행복할 수는 없었다. 화장실 세면대에서 겨우 세수하고 야구 모자를 눌러 쓰고 유명 인사들을 인터뷰하러 다녔고, 밤새 편집을 하다 새벽에 한 시간쯤 책상에 엎드려서 잠을 잤다. 아침이 되면 회사 앞에 있는 헬스센터에 가서 샤워만 하고 다시 촬영과 편집 반복. 그렇게 계속 일을 하다 19일 만에 옷가지를 챙기러 집에 갔을 때 나의 모습을 본 가족들은 내가 흡사 좀비 같았다고 했다. 그때 여의도에서 횡단보도를 건너면 나와 같은 좀비들이 꽤 많이 스쳐 지나갔다.

좀비 같았던 생활들은 힘들었지만 재미가 있었고, 돈은 적게 벌었지만 그 돈을 쓸 시간도 없을 만큼 바빴는데, 누구나 알다시피 직업이란 그런 요소만으로 이루어질 수는 없다. 하루에 한 시간밖에 잘 수 없는 '비인간적인' 상황에서도 '인간적인 관계'라는 것이 존재하고, 그 관계 속에서 나와 고용주와의 관계, 나와 인터뷰이의 관계, 나와 동료와의 관계, 나와 거래처와의 관계 등등 수많은 관계 맺음도 중요했다. 나는 결국 툭하면 욕설을 퍼붓고 여성 비하 발언에 인격 모독을 일삼았던 고용주를 견디지 못하고 일을 그만두었다.

그렇게 좋아했던 방송에서 몸과 마음이 피폐해진 나는 방송일을 그만두고 '한국어린이방송제작단'이라는 비영리단체의 미디어 영상교육 팀장으로 일하게 되었다. 평소 나의 재능이 누군가의 삶에 도움이 될 수 있다면 좋겠다는 가치 기준에 딱 맞는 일터였다. 비영리단체라고 해도 물론 적게나마 월급은 받았다. 전라북도 군산에 있는 전교생이 열 명인 분교에 가서 2박 3일 영상 캠프를 진행하기도 하고, 가출청소년 쉼터에 가서 가출한 아이들의 속마음을 영상으로 표현할 수 있도록 장기간 지도하기도 했고, 새터민 아이들의 공부방에 가서 그들만의 이야기를 영상으로 만들기도 했다. 다양한 지역과 다양한 계층에 나의 재능을 나누고 기획하는 일이 굉장히 보람된 일이었다.

 누군가는 나에게 사회에 촛불 같은 존재라는 말을 했고, 누군가는 나에게 적성에 딱 맞는 일을 하는 것 같다고도 했다. 보람과 적성, 그 가치는 굳이 따지자면 월급 110만 원을 상쇄할 만큼의 가치였다. 그런데 그런 일도 영원히 할 수는 없었다. 문화예술과 관련해서 손톱만큼의 견해도 없던 이명박 정부가 들어서면서 문화예술교육단체의 예산을 전면 삭감했다. 내가 일하던 곳은 그 당시 한 해에 수억 원이 넘는 예산으로 운영되던 단체였는데, 상위 기관인 문광부, 방송통신위원회, 서울문화재단, 경기문화재단 등의 예산이 줄어드는 정도가 아니라 아예 전액 삭감되기도 해서 단체가 운영될 수 없는 지경까지 이르렀다. 결국 월급이 3개월 밀리고 단체장의 비리까지 알게 되어 단체에 희망이 보이지 않아서 그만두게 되었다.

 '좋아하는 일을 해라', '가슴 뛰는 일을 해라'. 누구나 가슴 뛰는 일을 직업으로 가질 수 있는 것일까? 꼭 꿈을 직업으로 이루어야 할까? 꿈이 이루어진 이후에도 삶은 계속된다. 이 세상에 '삶'보다 강력한 '꿈'은 있을 수 없다. 내 소중한 꿈이 누군가의 횡포에 무너지기도 하고, 내가 좋아하고 행복했던 일들이 나와 직접적인 관련이 없어 보였던 정권 교체 때문에 더 이상 누릴 수 없는 꿈이 되기도 한다. 중요한 것은 자기가 해야 하는 일에서 의미를 발견하고 그것을 좋아하려는 노력 그 자체가 아닐까. 인간은 꿈을 이룰 때 행복한 것이 아니라, 어쩌면 꿈꿀 수 있을 때 행복한 것인지도 모르겠다.

What이 아닌
How에 집중하라

 주말에 무심코 TV 채널을 돌리다 영상도 메시지도 눈에 띄는 광고를 보게 되었다. 오비맥주 카스의 캠페인 TV 광고였는데, 가수 장기하 특유의 시니컬한 표정과 함께 자막으로 시작된다.

> 세상에는 꼭 지켜야 할 원칙이란 게 있는 거야
> 하고 다니는 것 봐라
> 그렇게 해서 어디 남들처럼 살겠어?
> 사람들이 말리는 데에는 다 이유가 있는 거야
> 그래도 평균은 돼야지
> 그래도 될까 말까야
> 한시라도 어릴 때, 젊을 때
> 될 놈들은 처음부터 정해져 있어!
> 이게 다 널 위한 말이야, 알겠어?

그건 니 생각이고!

찾아보니 '그건 니 생각이고' 캠페인은 시리즈로 구성되어 매주 다른 광고를 내보내고 있었다. 일반인들에게 사연을 신청받아서 프리사이즈 편, 열정 페이 편, 남자 키 편, 될 놈 편 등 이 시대 젊은이들에게 요구되는 각종 사회적 통념과 강요들에 대해 '그건 니 생각이고'라는 대답을 시원하게 날리며 카타르시스를 선사하고자 기획됐다고 한다. 세상의 편견에 대한 영화 한 편이 떠올랐다.

토드 헤인즈 감독의 영화 〈캐롤 Carol, 2015〉에 대해 설명할 수 있는 표현들은 많다. 멜로드라마, 퍼트리샤 하이스미스 원작, 주인공 케이트 블란쳇과 루니 마라의 호연. 1950년대를 재현한 미술과 의상. 하지만 어떤 표현으로도 이 영화가 주는 감흥을 옮길 순 없다. 때로 어떤 영화들은 언어의 한계를 절감하게 한다. 소통되지 않는 사람들 사이에 둘러싸여 외로웠던 한 사람이 또 다른 한 사람과 사랑하며 세상에 단 둘만 보이는 그 순간, 여기 사랑이 있다.

1950년대 뉴욕, 맨해튼 백화점에서 일하고 있던 테레즈는 어느 날 손님으로 찾아온 캐롤과 시선이 마주친다. 뭐라 표현하기 어려운 강한 끌림을 느낀 두 사람. 이혼을 앞둔 상류층 여성 캐롤은 딸과 헤어져야 하는 건 아닌지 불안에 시달리는 중이다. 캐롤은 테레즈를 집으로 초대하는 등 자신의 감정에 솔직하다. 한편 사진작가 지망생인 테레즈는 끊임없이 구애하는 남자친구가 있지만 아직 자신이 무엇을 해야 하고 무엇을 좋아하는지, 아무것도 자신이 없다. 테레즈와 캐롤 두 사람은 서로에 대해 어떤 확신을 느끼지만 주변의 눈초리는 둘을 가만히 두지 않는다. 그럼에도 두 사람은 이끌림을 믿으며 서로를 위한 여행을 떠나기로 결심한다. 끌림을 느낀 두 사람은 여자이고 나이 차도 많다. 두 사람 이미 각각 배우자와 약혼자가 있고 배경도 성향도 전혀 다르다. 그런데도 두 사람은 서로에게 끌린다는 감정만큼은 외면할 수 없다.

이 영화는 사랑이 있고 그 앞에 나타난 장애가 있어 충돌하지만, 충돌 지점에서 슬쩍 비켜나간 곳으로 시선을 옮겨 관객이 감정의 여백을 채우도록 만든다. 사랑을 찍는 게 아니라 사랑이 스쳐 지나간 자리, 떨림이 남아 있는 공기, 허전함에 전화기 앞을 맴도는 발걸음, 애타는 호흡의 그사이를 찍는다. 그렇게 살짝 비켜나간 시선들이 머무는 곳에 우리도 머문다. 캐롤에게 끌리는 테레즈처럼 어느새 캐롤의 표정 하나, 눈동자의 떨림 하나에 집중하게 되는 것이다.

"내가 뭘 원하는지 모르면서 허락만 해왔다"라는 테레즈의 고백처럼, 자신의 욕망을 제대로 알지 못했고 의지대로 주체적인 삶을 살지 못했다. 습작처럼 찍어왔던 사진에서도 사생활을 침해할까 봐 사람의 얼굴은 찍지 않았다. 하지만 캐롤이라는 사랑이 눈앞에 나타나자 망설임 없이 그녀를 카메라 속에 담는다. 테레즈가 렌즈를 통해 바라보는 것은 캐롤이었지만 또한 자신이기도 했다. 이 작품은 캐롤과 테레즈의 사랑 이야기이지만 두 여인이 진정한 자신으로 거듭나는 성장 스토리로도 볼 수 있다.

영화는 남녀가 만나 자연스럽게 사랑을 하듯 캐롤과 테레즈의 사랑 역시 특별할 것 없는 '사랑'임을 얘기한다. 동성 간의 '특별한 사랑'이 아닌 '보편적인 사랑', 누구나 하는 그런 사랑 말이다. 영화의 첫 장면이자 마지막 장면인 재회의 과정은 성적 지향성을 포기하지 않겠다는, 자신의 본연의 모습을 마주하겠다는 고백이자 거대한 사회적 장벽에 맞서기로 결심하는 두 사람의 단단해진 마음을 담고 있다. '로맨스'와 '사회 비판'이라는 어울릴 것 같지 않은 불협화음을 한 편의 우아한 협주곡으로 만들어낸 감독의 연출력이 대단하다.

우리가 영화를 보고 나서 영화에 대한 감상이나 판단은 영화를 만든 감독의 몫이 아니라 오로지 관객의 몫이다. 영화를 어떻게 볼 것인가? 무엇을 이야기할 것인가? 우리에게 중요한 질문은 그 작품이 무엇을 표현했는지가 아니다. 가장 중요한 질문은 어떻게 표현했냐는 것이다. 영화가 감독과 관객의 상호작용이라고 생각했을 때, 창작자는 자신의 의도와 의미를 적절히 자신의 작품 안에 녹여 넣는다. 관객은 그 작품을 관람하고 자신이 가진 생각들을 활용하여 감독의 의도와 의미를 재구성한다. 그렇다면 여기서 영화라는 예술이 탄생하는 지점은 과연 작가의 의도와 의미인가? 여러 가지 기준과 입장이 있을 수 있겠지만, 적어도 나에게 영화라는 예술이 탄생하는 것은 작품을 이해하고 해석하는 과정 속에 존재하는 것 같다고 생각된다. 결국 영화에 대해서 '무엇을' 표현했나? 질문하는 것은 영화를 그저 감독의 머릿속에 그리고 관객의 머릿속 안에 가두어놓는 행위이다. 반면 '어떻게'의 질문은 의도와 의미 아래에 예술을 가두어놓지 않는다. 이 지점에서 비로소 표현이 영화 예술의 중심에 놓이게 된다.

우리는 사랑에 빠진 사람들의 눈빛과 표정을 이미 알고 있다. 때론 그걸 보는 것만으로도 마음속 구멍이 메워진다. 토드 헤인즈 감독은 그렇게 멜로드라마의 본질로 돌아가 사랑에 대한 완벽한 앙상블을 완성했다. 시선을 따라가는 것만으로 위로가 되는 영화들이 있다. 어떻게 사랑을 표현하는가? 여기 사랑이, 그녀가, 우리가 있다.

에필로그

모든 순간이 영화였다

　세계 영화사에 큰 영향을 준 누벨바그를 이끌었던 영화감독이며, 배우, 평론가였던 프랑수아 트뤼포는 다음과 같이 말했다. "영화광이 되는 데에는 세 가지 단계가 있다. 첫 번째, 한 번 본 영화를 다시 한번 보는 것이다. 두 번째, 두 번 본 그 영화를 글로 써보는 것이다. 세 번째, 영화를 보고 썼으면 이제는 직접 영화를 찍어보는 것이다." 영화를 가슴에 품은 사람이라면 누구나 알고 있는 말이다. 영화를 본다, 쓴다, 찍는다. 나의 한때 꿈은 영화감독이었다. 내가 영화를 통해 용기를 얻고, 영화를 보며 공감하고 위로와 위안을 받았듯이 내가 그런 영화를 만들 수 있기를 희망했다.

　사람의 마음을 움직이는 영화를 만들고 싶었다. 100분짜리 영화에서 단 한 장면만이 가슴을 울리더라도, 대사 한

마디가 기억에 남더라도 잠시 위로가 되고 힘이 되어줄 수 있는 그런 영화를 만들고 싶었다. 영화를 잘하고 싶었고 잘한다는 칭찬도 듣고 싶었다. 그런데 시간이 지날수록 내가 바라는 지향점은 내가 가진 재능과 노력의 정도로는 도달하기 힘든 미지의 세계 같았다. 점차 영화를 만드는 사람이 아니라 영화를 보고 느끼고 향유하는 사람들에 관한 생각을 더 많이 하게 되었다. 그리고 그 사람들과 함께 다시 영화를 보고 느끼며 공감하는 시간을 만들고 싶어졌다.

나는 종종 사는 게 영화 같다, 영화처럼 살고 싶다고 생각했었다. 현실이 팍팍하거나 만족스럽지 못할 때, 현실보다 더 환상적인 세상을 원할 때, 그저 그런 나에게 실망하여 나 자신이 싫어지고 그 순간을 벗어나고 싶을 때……. 그런데 영화가 언제나 아름답고 환상적이고 해피엔딩인가? 영화 같은 인생이 뭐 대단한 것인가? 생각해보니 하루하루 그저 오늘을 사는 우리의 삶이 모두 영화였다. 그래서 마음먹었다. 내가 살아가는 인생의 가치와 의미를 내가 사랑했던 영화로 풀어가기로. 한 줄의 글이 누군가의 가슴을 뛰게 하고 강렬하게 움직일 수 있다는 신념이 생겼다. 그동안 영화를 보며 우리가 함께 공감하고 울고 웃고 감동받았듯이 우리 인생의 소중한 순간들도 함께 위로와 위안을 받을 수 있는 글을 써보고 싶었다. 그리고 그 이야기들을 나누고 싶다.

 영화를 만들든 글을 쓰든 감독이나 작가가 작품을 만드는 우선적인 목적은 공감이 아닐까? 자신의 생각이 반영된 작품을 통해서 다른 사람의 공감을 얻는 것이야말로 무엇과도 비교할 수 없는 창작자의 기쁨이라고 할 수 있겠다. 그렇다면 관객이나 독자의 기준에서 최종적인 목적지는 어디일까? 나는 그것이 감동이라고 생각한다. 우리는 누구나 일상 속에서 벗어나 뭔가 새로운 감정을 느끼고 싶어 한다. 새로운 지식이나 경험을 얻기 위한 행위들도 잘 살펴보면 자신의 마음을 움직일 수 있는 무언가를 찾고 있기에 가능한 것이다. 감동이라는 의미 역시 '깊고 강하게 느껴 마음이 움직이다'라는 뜻이다. 결국 마음으로 느껴 행동으로 변화한다. 사람을 변화시키는 것이다.

우리의 삶에서 중요했던 순간 생각의 전환은 대부분 감동으로 시작한다. 깊은 감동을 주었던 영화나 글, 누군가의 이야기는 우리의 인생을 보다 풍요롭고 인간다운 삶으로 변화시킨다. 그래서 나는 이러한 변화들이 우리가 살 만한 세상으로 바꿀 수 있다고 믿는다. 영화를 보고 느끼고 글을 쓰고 나누는 것을 평생의 직업으로 선택한 것도 그런 이유에서다. 내가 누군가에게 감동을 줄 수 있다는 것, 그 행복하고 숭고한 일보다 더 강렬한 것을 나는 알지 못한다.

내가 오랫동안 지켜왔던 꿈을 과감히 버리고 다른 노선으로 옮겨가는 그 과정 역시 나다운 꿈이라 생각하고 너무 아깝다고 생각하지 않기로 했다. 그동안 내가 경험했던 모든 것들은 바로 내가 되고, 그것들이 다른 꿈으로 탄생될 수 있음을 믿는다. 모든 영화에는 주어진 러닝타임이 있다. 하지만 영화가 우리에게 던진 질문들에는 유통기한이 따로 없다. 이제 그 질문들을 간절히 나누고 싶다. 중국 속담에 차를 맛있게 마시는 방법은 언제 찻잎을 꺼내는지 아는 사람만이 즐길 수 있다는 말이 있다. 그 속담이 나를 기쁘게 만들었다. 내 삶을 소중하게 여기고, 내 나이에 대한 자부심을 가질 수 있게 된 것을 고맙게 여긴다. 나의 글로 인해 누군가의 삶을 제대로 들여다보고 자극하고 발전시키고 극복하게 만드는 것, 행복해지는 것 그것이 나의 목표이다. 어쩌면 이제 비로소 내 삶의 드라마에 관해 돌아볼 수 있는 데뷔전을 치르는 것인지도 모르겠다.